SPRINGEN LERNEN LEICHTGEMACHT

Carol Foster

SPRINGEN LERNEN
LEICHTGEMACHT

Franckh-Kosmos

Titel der englischen Originalausgabe:
Basic Jumping
erschienen 1991 bei The Crowood Press
Ltd., Swindon
(ISBN 1-85222-547-0)

Aus dem Englischen übersetzt von Carolin
Stegmann

Mit 12 Farbfotos von Klara Decker (2),
Sabine Küpper (3) und Edgar Schöpal (7).
Die Schwarzweißzeichnungen fertigte Hazel
Morgan an.

Umschlaggestaltung von Atelier Jürgen
Reichert, Stuttgart, unter Verwendung von
drei Fotos von Edgar Schöpal.

Die Deutsche Bibliothek –
CIP-Einheitsaufnahme

Foster, Carol:
Springen lernen leichtgemacht / Carol
Foster. [Aus dem Engl. übers. von Carolin
Stegmann]. – Stuttgart : Franckh-Kosmos,
1994
Einheitssacht.: Basic jumping <dt.>
ISBN 3-440-06198-1

Für die deutschsprachige Ausgabe:

ISBN 3-440-06198-1
Printed in Germany / Imprimé en Allemagne
Satz: Typomedia Satztechnik, Ostfildern
Druck und Binden: Huber KG, Dießen

Springen lernen leichtgemacht

Die Entwicklung des Reitsports

Der früheste Beweis dafür, daß Menschen Pferde gehalten haben, sind 4500 Jahre alte Höhlenmalereien aus der Frühsteinzeit. Darauf sind Pferde zu sehen, die zur Milch- und Fleischgewinnung gehalten wurden. Gezähmte Stuten wurden schließlich von Nomadenstämmen als Packtiere genutzt, und so kam es zur Entwicklung eines kräftigen, muskulösen Tieres, das dann die Männer während der Jagd oder im Kampf tragen konnte. So entwickelte sich aus dem Nutztier das Reitpferd, dessen Kraft und Schnelligkeit sich der Mensch zunutze machte.

Ungefähr ab dem Jahr 2000 v. Chr. wurden Pferde zu einem wichtigen Bestandteil der griechischen Kultur. Nachdem sie anfangs nur zum Ziehen der Kampfwagen gebraucht wurden, dauerte es noch über 1000 Jahre, bis das Reitpferd geboren wurde. Das erste Pferderennen wurde dann bei den Olympischen Spielen 648 v. Chr. abgehalten.

Am meisten haben wir allerdings von dem griechischen Kavallerie-Soldaten Xenophon gelernt, und zwar nicht nur über die Pferdehaltung der Griechen, sondern auch über die gesamte Entwicklung der modernen Reitkunst.

Die klassischen Reitschulen

Mit dem Aufkommen neuer Waffen und neuer Kampfmethoden wurden auch die schweren Pferde der Ritter aus dem Mittelalter durch leichtere Tiere ersetzt. Die Bewegungen der Hohen Schule des Dressurreitens waren ursprünglich als Ausweich- oder Angriffstaktiken auf dem Schlachtfeld gedacht, und alle klassischen Reitschulen waren Militärreitschulen. Der Einfluß der ersten Reitschule in Neapel verbreitete sich über ganz Europa, und besonders deutlich wurde er in Wien, wo man spanische Pferde importierte und die Spanische Hofreitschule gründete. Nach dem Gestüt, das in Lipizza, im früheren Jugoslawien, liegt, heißen diese eindrucksvollen weißen Pferde Lipizzaner. Sie vereinigen die Merkmale der spanischen Stammväter mit der Eleganz und Leichtfüßigkeit arabischer Vollblüter, die zur Veredelung eingekreuzt wurden.

Die Spanische Hofreitschule beeinflußte dann die Franzosen, die die Dressur weiterentwickelten. De la Guérinière war der bekannteste der französischen Meister, er gilt als der Vater der modernen Reitkunst.

Das moderne Sportpferd

1912 wurde der Reitsport bei den modernen Olympischen Spielen aufgenommen, und Reiten als ein Freizeitsport für jedermann war damit geboren. Das Dressurreiten war auf dem europäischen Festland beliebt, während die Begeisterung der Engländer für Jagden und Geländeritte bei Springturnieren zum Ausdruck kam. Trotzdem waren die übrigen europäischen Reiter und Parcoursbauer experimentierfreudiger als die Engländer. Sie begannen, Derby-Parcours zu konstruieren, wo feste Wälle, Hecken und Gräben auf dem Turnierplatz mit zwei- und dreifachen Kombinationen, bestehend aus Elementen wie Karree-Oxern und Triplebarren, gekoppelt waren. Der leichte Sitz, der von dem Italiener Federico Caprilli eingeführt worden war, wurde Grundvoraussetzung beim Überwinden der neuen Parcours, da er dem Pferd mehr Hals- und Kopffreiheit unter besserer Zuhilfenahme des Rückens erlaubte.

Bei den Olympischen Spielen der 30er und 40er Jahre erwies sich der Reitsport, aber speziell der Springsport, als beliebter Zuschauersport und begann, die Öffentlichkeit zu fesseln. 1949 wurde in England die Vielseitigkeitsprüfung in Badminton eingeführt, und heute ist das Vielseitigkeitsreiten, zusammen mit Dressur und Springen, eine der drei beliebtesten Reitsportarten in Europa. In England sorgte der 1829 gegründete Pony Club dafür, daß schon Kinder Unterricht in allen drei Disziplinen bekamen und sich auf Ponyturnieren messen konnten. Auf dem Kontinent dauerte die Entwicklung etwas länger, aber nachdem nicht nur in England, sondern zunehmend auch auf dem Kontinent gute Reitponys gezüchtet werden, gibt es inzwischen nationale und internationale Ponymeisterschaften für Junioren, und das Interesse an Ponyturnieren steigt auch hierzulande von Jahr zu Jahr.

Unsere natürliche Liebe zu Pferden, zusammen mit der größeren Verbreitung des Pferdesports und der deswegen leichteren Zugänglichkeit, ermöglicht es vielen Tausenden von Reitern auf der ganzen Welt, Reiten als Freizeitsport zu genießen. Reitschulen bieten eine Anlaufstelle, wo Menschen ohne Reitkenntnisse oder Erfahrung mit Pferden das Reiten lernen oder ihren Reitstil verbessern können, auch wenn sie vielleicht nie ein eigenes Pferd besitzen werden. Eine Reitstunde in der Woche wird einen Reiter nie zur Olympiade bringen, aber es geht auch nicht allen Reitern darum, sich mit anderen zu messen; für viele ist die Nähe zu den Pferden, die Beziehung zu einem ganz bestimmten Pferd und die Freude an dieser Herausforderung ausreichend.

Grundbegriffe der Reiterei

Bist du soweit, um mit dem Springen zu beginnen? Bist du wirklich schon soweit? Die meisten jungen Reiter können es nicht abwarten, ihre Steigbügel zu kürzen und loszustarten, aber der Reitlehrer wird sich vergewissern, daß ein gewisses Können erreicht ist, bevor dieser große Schritt nach vorn gemacht wird.

Sicherheit ist immer der erste Gedanke, wenn es ums Reiten geht – dabei geht es um dich, um die anderen und um die Pferde. Reitest *du* sicher?

Die Beherrschung aller Grundgangarten und die korrekte Anwendung der Hilfen ist notwendig, bevor man zu fortgeschrittenen Aufgaben übergehen kann. Du kannst nicht rennen, bevor du das Gehen nicht beherrschst, und du kannst nicht springen, bevor du nicht Schritt, Trab und Galopp beherrschst. Kannst du die Hilfen richtig anwenden?

Ein Gespür dafür, was unter einem passiert, kann sich erst allmählich entwickeln. Es ist aber wichtig, besonders beim Springen, wenn es darum geht, den Galoppsprung deines Pferdes beim Anreiten eines Sprunges zu erfühlen. Kannst du die Bewegungen des Pferdes durch deinen Hosenboden *hindurch fühlen*?

»Reitkunst« hört sich sehr ernst an, aber sie ist eine Kombination aller Fähigkeiten, die einen zum Allround-Reiter macht. Wenn du mit dem Springen weitermachen und dich laufend verbessern möchtest, solltest du nie aufhören, in Theorie und Praxis weiterzulernen. Beschäftigst du dich mit der Reiterei, und hältst du dich auf dem laufenden?

Es kann Jahre dauern, bis man einen unabhängigen Sitz entwickelt hat, und ein guter Reitlehrer wird dich so reiten sehen wollen, daß du das Pferd unterstützt und nicht behinderst, bevor er dir das Springen erlaubt. Hast du wirklich einen unabhängigen Sitz?

Wenn deine Antwort auf alle diese Fragen *ja* lautet, dann kannst du mit dem Springen beginnen. Wenn nicht, solltest du dein Können weiter verbessern. Vielleicht können dir die Tips und Anregungen in diesem Buch dabei helfen.

Bist du sicher und geschützt?

Reiten ist ein Sport, bei dem viele Unfälle passieren. Je schneller und höher das Tempo ist und je höher

Wichtige Fragen, die du dir vor dem Springen lernen stellen solltest:
Reitest du sicher?
Kannst du korrekte Hilfen geben?
Kannst du die korrekte Fußfolge des Pferdes in allen Gangarten durch deinen Hosenboden hindurch fühlen?
Lernst du etwas?
Hast du einen wirklich unabhängigen Sitz?
Kannst du alle diese Fragen mit »ja« beantworten?

die Sprünge werden, um so riskanter wird es. Diese Gefahr kannst du deutlich verringern, indem du sichergehst, daß du als qualifizierter Reiter auf einem Pferd sitzt, das in Ausbildung und Temperament deinem reiterlichen Können entspricht. Es ist gut möglich, daß du es nicht erwarten kannst, neue Dinge zu lernen, zu galoppieren und zu springen, aber diejenigen, die verantwortlich sind für dich – besonders dein Reitlehrer –, müssen immer absichern, daß dein Können und dein Ehrgeiz zusammenpassen.

Wenn du ohne Begleitung ins Gelände reitest, dann reite vernünftig, und nimm Rücksicht auf andere. Gehe nie auf einen Ausritt mit einem Pferd oder Pony, dessen Temperament dein Können übersteigt. Wenn du über Naturhindernisse springen möchtest, wie Baumstämme oder Gräben, versichere dich erst, daß Absprung- und Landestelle in Ordnung sind und dein Pferd nicht unversehens in ein Loch tritt oder ins Rutschen kommt. Versichere dich, daß kein Draht da ist, in dem du hängen bleiben könntest. Gehe nicht über große feste Hindernisse, auch wenn du noch so mutig bist. Es ist immer besser, kein Risiko einzugehen.

Reite nie ohne eine angemessene Kopfbedeckung und die richtigen Schuhe. Ein TÜV-geprüfter Reithelm und ordentliche Reitstiefel in gutem Zustand sind eine Grundvoraussetzung. Handschuhe helfen, die Zügel sicherer im Griff zu behalten und Blasen an den Händen zu vermeiden. Auch das Sattelzeug des Ponys sollte in Ordnung sein, und seine Hufeisen müssen erneuert werden, bevor sie blank und abgetreten sind.

Die Anwendung der Hilfen

Bevor du mit dem Springen beginnst, solltest du alle Hilfen kennen und sie richtig einsetzen können. Du solltest die Übergänge in die schnellere und langsamere Gangart beherrschen und den Rhythmus – die gleichmäßige Fußfolge innerhalb einer Gangart – wahrnehmen. Durch eine halbe Parade, ein kurzes Aufnehmen, sollst du in der Lage sein, die Aufmerksamkeit des Ponys zu erreichen, bevor du eine neue Lektion einleitest oder einen Übergang reitest. Diese Aufmerksamkeit wirst du auch brauchen, wenn du mit dem Springen beginnst.

Die Schenkelhilfen sollen so wirksam sein, daß das Pferd auf deine Signale reagiert. Deine Hände fangen den Vorwärtsdrang auf, den du durch Kreuz und Schenkel erzeugst; gleichzeitig müssen sie dem Pferd weich und nachgebend Anlehnung bieten. Mit einer harten, unsensiblen Hand bereitest du dem Pferd Schmerzen und machst es möglicherweise zu einem widerwilligen Springer.

Was fühlst du?

Die Fähigkeit, das wahrzunehmen, was unter einem passiert, ist von großem Vorteil und kommt mit der Zeit. Natürlich ist es wichtig, daß man in der Lage ist, zu beurteilen, ob das Pony lahmt oder nicht taktrein (ungleichmäßig) geht. Du solltest auch wissen, ob du auf der richtigen Hand galoppierst oder auf dem richtigen Fuß leichttrabst, ohne nach unten sehen zu müssen. Merkst du, ob dein Pferd beim Halten gleichmäßig auf allen vier Beinen steht? Wenn das Pferd nicht gleichmäßig steht, kannst du sagen, welches Bein das Pferd nicht belastet?

Sowohl für das Dressurreiten als auch für das Springen ist es wichtig, dieses Gefühl zu entwickeln. Als fortgeschrittener Reiter wirst du die Galoppsprünge deines Pferdes vor einem Sprung abschätzen und eventuell in ihrem Raumgriff verändern müssen. Es ist viel einfacher, diese Grundlagen von Anfang an zu lernen, so daß sie ganz selbstverständlich werden, als später darauf zurückkommen zu müssen.

Die Kunst des Reitens

Die Ausbildung eines Reiters dauert ein Leben lang, denn es gibt immer noch etwas dazuzulernen, aber für einen jungen Reiter sollte Reitenlernen erst einmal bedeuten, den Bewegungsablauf des Pferdes sowie das korrekte Vorwärtsreiten zu erlernen und zu verstehen. Das Ziel beim Reiten ist immer, durch die effektive Kombination von Gewichts-, Schenkel- und Zügelhilfen das Pferd zu veranlassen, sich vor allem mit der Hinterhand zu tragen. Diese Vorwärtsbewegung ist verbunden mit einem *Geraderichten.* Das Pferd sollte in sich geradegerichtet sein, und du solltest das Gefühl haben, das Pferd mit dem inneren Schenkel an den äußeren Zügel heranzureiten. Du solltest ein gutes Gefühl für den Takt entwickeln und diesen in allen Gangarten und Übergängen halten können. Wenn du in gleichmäßigem Takt geradeaus vorwärtsreitest, findet das Pferd sein Gleichgewicht, geht ruhig am Zügel und reagiert auf deine Hilfen.

Dies sind die Grundbegriffe des korrekten Reitens, und ein gut ausgebildeter Reiter auf einem gut ausgebildeten Pferd bietet nicht nur einen harmonischeren Anblick, sondern er wird auch erfolgreicher sein.

Der unabhängige Sitz

Am besten kann man einen unabhängigen Sitz erlernen, wenn man auch bei fortgeschrittenem Können wei-

Wenn du das Gefühl hast, hinter der Bewegung des Pferdes zurückzubleiben, greife in die Mähne oder einen Halsriemen, damit du dein Pferd nicht im Maul störst.

terhin Longenstunden nimmt. Die Reiter an der Spanischen Hofreitschule haben während ihrer Ausbildung ein ganzes Jahr lang Unterricht an der Longe, und auch viele internationale Spitzenreiter verbessern auf diese Weise regelmäßig ihren Sitz. Also, denke nicht »Das war's!«, wenn du einmal von der Longe weg bist. Reiten ohne Bügel und ohne Zügel hilft, sich in den Pferderücken einzupassen und einen ausbalancierten, tiefen und entspannten Sitz zu erreichen.

Ob mit oder ohne Longe, hier sind einige Übungen, um im Hals und Oberkörper locker und unverkrampft zu bleiben:

1. Zieh die Schultern hoch bis zu den Ohren, und lasse sie wieder fallen.
2. Kreise abwechselnd mit den Armen. Strecke einen Arm gestreckt bis in die Fingerspitzen gerade vor dir aus, und lasse ihn neben deinem Körper kreisen. Dabei den ganzen Körper strecken, wenn der Arm am Ohr vorbeigeht, und ganz tief sitzen,

wenn die Fingerspitzen nach unten auf die Knöchel zeigen.
3. Strecke beide Arme zur Seite aus, und drehe den Oberkörper aus der Taille von einer Seite zur anderen.
4. Bringe an der Longe beide Arme zur Seite, knicke in der Taille ab, und beuge den Oberkörper nach vorne. Bleibe dabei im Sattel sitzen, halte den Kopf gerade, und blicke nach vorn.
5. Kreise mit dem Kopf, während dein Pferd steht. Laß zuerst das Kinn auf die Brust fallen, dann bring das Ohr zu der einen Schulter, nimm den Kopf zurück, bring das andere Ohr zur anderen Schulter, und laß das Kinn wieder fallen. Es ist möglich, daß dir dabei schwindlig wird, also mache diese Übung nur ein- oder zweimal, einmal von rechts und einmal von links.
6. Nimm deine Füße aus den Steigbügeln, und bringe dann, abwechselnd oder gleichzeitig, die Knie nach oben bis zum Vorderzwiesel des Sattels, und strecke sie wieder nach unten und leicht nach hinten, bevor du sie in der normalen Reitposition entspannst. Diese Übung hilft dir, tief und entspannt zu sitzen und die richtige Sitzposition zu finden.

Der unabhängige Sitz ermöglicht dem Reiter, in jede Bewegung des Pferdes mitzugehen, ohne es dabei in seinem Schwung und Raumgriff zu behindern. Er ist daher wichtig, um besonders beim Springen mit dem Pferd eine Einheit zu bilden und es weder beim Anreiten noch über dem Sprung zu stören. Falls man doch einmal beim Absprung hinter der Bewegung des Pferdes zurückbleibt, greift man lieber nach einem Büschel Mähne oder in einen Halsriemen, als sich am Zügel festzuhalten und das Pferd dadurch im Maul zu reißen.

Wenn du alle diese Voraussetzungen erfüllst, dann ist es wahrscheinlich tatsächlich an der Zeit für dich, mit dem Springenlernen zu beginnen.

Die ersten Springstunden

Ein Springparcours ist eigentlich wie eine Dressurprüfung mit Hindernissen, sozusagen dressurmäßige Arbeit mit einer zusätzlichen Dimension. Nur wenn beide, Pferd und Reiter, eine solide reiterliche Grundausbildung besitzen, können sie auch erfolgreich über Hindernisse gehen. Das Pferd sollte energisch vorwärtsgehen und auf die Schenkelhilfen des Reiters reagieren, und dieser sollte gerade und im Gleichgewicht sitzen. Der Reiter sollte wissen, wie er die Kräfte seines Pferdes *schonen* kann: Immer mit Rücksicht auf die Verfassung des Pferdes reiten und nie mehr von ihm verlangen, als es geben kann. Ein gut ausgebildetes, älteres Pferd wird mit größerem Erfolg springen, und auch die Wahrscheinlichkeit einer Verletzung ist geringer als bei einem jungen Pferd.

Aus diesem Grund ist eine gründliche dressurmäßige Vorbereitung ohne Hindernisse wichtig, und deshalb werden dir die ersten Springstunden wie eine Fortführung der dressurmäßigen Arbeit erscheinen. Ohne diese Vorbereitung kann man nicht springen, das Springen kann dagegen eine sinnvolle Ergänzung der Dressurarbeit sein. Vielleicht hat dich dein Reitlehrer, bevor du alle Fragen aus dem vorausgegangenen Abschnitt mit *ja* beantworten konntest, schon über Trabstangen reiten lassen. In einem Abstand von 110–130 cm hintereinander oder fächerförmig auf den Boden gelegt, helfen sie dem Pferd, seine Hinterhand aktiv einzusetzen und Kopf und Hals vorwärts-abwärts zu strecken. Dadurch wölbt sich der Pferderücken, und die Rückenmuskulatur wird gekräftigt, was dem Pferd sowohl zu einer guten Springmanier verhilft als auch seine Leistung unter dem Reiter verbessert. Die Arbeit über Trabstangen wird dir helfen, dich an den Springsitz zu gewöhnen, und dir beibringen, das Pferd nicht zu stören. Für größere Ponys und Pferde legt man die Stangen etwas weiter auseinander.

Der Springsitz

Durch deine Sitzposition beim Springen hilfst du dem Pferd, seinen Kopf und Hals über dem Sprung nach vorne zu strecken, den Rücken rund zu machen und die Beine unter den Körper zu ziehen. Das ist für das Pferd die natürliche Art zu springen. Das Gleichgewicht und das Springvermögen des Pferdes bleiben am ehesten erhalten, wenn der Reiter sein Gewicht leicht nach vorn über die Pferdeschulter verlagert.

Für den Springsitz mußt du die Steigbügel um zwei bis drei Loch kürzen. Das hilft, den Oberkörper aus der Hüfte nach vorne zu kippen und das Gewicht vermehrt auf Oberschenkel, Knie und Fußballen zu verlagern. Deine Knie sollten angewinkelt bleiben und deine Schenkel am Sattelgurt liegen. Das Gesäß bleibt nah am Sattel, so daß du dich

Für das Springen geht der Reiter vom aufrechten Dressursitz in den »leichten Sitz« über: Er verlagert sein Gewicht nach vorn, um dem Pferd Rücken-, Kopf- und Halsfreiheit zu ermöglichen. Das Gesäß bleibt aber nahe am Sattel, damit der Reiter schnell wieder treibend einsitzen kann, wenn dies nötig wird.

Der richtige Sitz beim Springen
Du kannst diese Position zwischendurch bei der Arbeit mit Trabstangen üben, oder auch im Gelände, indem du im leichten Sitz trabst und galoppierst. Es ist wichtig, mit dem Pferd im Gleichgewicht zu bleiben und in seinen Bewegungen mitzugehen, also weder zurückzubleiben noch nach vorne zu fallen.

leicht wieder aufrecht hinsetzen und Gesäß und Kreuz nutzen kannst, um das Pferd vorwärtszutreiben. Das ist besonders beim Anreiten von Kombinationen wichtig, wenn du dich nach dem ersten Sprung schnell aufrichten mußt, um das Pferd zum nächsten Sprung hin zu reiten. Wenn man vor dem Sprung aufsteht und sich nach vorn wirft, verliert man nicht nur selbst das Gleichgewicht, sondern stört und behindert auch das Pferd.

Die Hände müssen bereit sein, dem Pferd Kopffreiheit zu erlauben. Beim Traben über Stangen kannst du deine Hände vorschieben und damit dem Pferd mehr Zügelfreiheit geben. Es kann sich dann strecken, ohne daß es einen Ruck im Maul verspürt, und der Kontakt zur Reiterhand bleibt erhalten.

Trabstangen

Die Grundübung besteht aus einer Reihe von vier bis sechs schweren Stangen, die im Abstand von 110–130 cm am Boden liegen. Der kleinere Abstand ist für Ponys oder Pferde mit wenig Raumgriff im Trab geeignet, der weitere für größere Pferde. Diese Abstände entsprechen der normalen Trittlänge, so daß die Pferde einfach über die Stangen traben können. Anfangs kannst du über die Stangen weiter leichttraben und dabei mit den Händen vorgehen. Dann kannst du den Springsitz einnehmen und im leichten Sitz über die Stangen traben. Das Pferd sollte über die Trabstangen gehen, ohne den Takt zu verlieren.

Was ist ein Sprung?

Der normale Arbeitsgalopp besteht aus mittellangen Galoppsprüngen, und ein Sprung ist nichts anderes als ein großer Galoppsprung, der in die Höhe und in die Weite geht. Bei Anfängern im Springen oder bei der Ausbildung von jungen Pferden wird das Hindernis im Trab angeritten. So können beide, du und das Pferd, besser im Gleichgewicht bleiben, und das Pferd wird ermutigt, über dem Sprung einen runden Rücken zu ma-

Vorbildlich überwindet dieses Paar den Trainingssprung. Mit Hilfe der Absprungstange konnte das Pferd den passenden Absprung finden.

1348

chen. Außerdem fällt es einem unerfahrenen Pferd leichter, den richtigen Absprung aus dem Trab zu finden. Weil der Galopp die natürliche Gangart für das Springen ist, wird ein Pferd automatisch im Galopp aufkommen, auch wenn es im Trab abgesprungen ist. Normalerweise erlaubt man dem Pferd in diesem Fall weiterzugaloppieren, und wenn man Probleme beim Angaloppieren hat, ist dies eine gute Möglichkeit, den Übergang in den Galopp zu finden.

Bei den letzten paar Galoppsprüngen vor einem Hindernis nimmt das Pferd Kopf und Hals nach unten und hebt dann den Kopf, wenn die Vorhand zum Absprung abhebt. Die mächtigen Muskeln der Hinterhand lassen die Hüft-, Knie- und Sprunggelenke wie eine gespannte Feder losschnellen und bringen so das Pferd in die Höhe und über das Hindernis. Dabei zieht es die Vorderbeine eng an den Körper und wölbt den Rücken. Bei der Landung kommt das Pferd auf einem Vorderbein auf, gefolgt von dem anderen Vorderbein (dem führenden Bein im Galopp) und den beiden Hinterbeinen.

Oben: Ein gutes Springpferd wölbt über dem Sprung Hals und Rücken, und es zieht dabei die Beine dicht unter den Bauch heran. Dieser Haflinger überwindet den Sprung mit durchgedrücktem steifem Rücken.
Unten: Aus dem Trab finden Pferde den richtigen Absprung besonders leicht. Daher wird beim Training oft am Ende einer Trabstangenreihe ein kleiner Sprung aufgebaut.

Der erste Sprung

Wenn ein Pferd über einen Sprung geritten wird, sollte man ihm immer erlauben, so natürlich zu springen, wie es das ohne Reiter tun würde. Es ist deine Aufgabe als Reiter, dies dem Pferd, so gut du kannst, zu ermöglichen.

Für einen Anfänger im Springen wird das erste Hindernis normalerweise am Ende einer Reihe von Trabstangen aufgebaut. Statt sechs Stangen am Boden wird aus der fünften und sechsten Stange ein kleines Hindernis gebaut. Das kann entweder ein Kreuz sein oder zwei Stangen übereinander. Dieser erste kleine Sprung sollte nicht höher sein als 50–70 cm und sollte geritten werden, als ob es einfach eine weitere Stange wäre. Reite mit Vertrauen vorwärts, und dein Pferd wird locker darüberspringen.

Laß dich nicht von dem Sprung einschüchtern. Denke daran, dein Pferd hat vier Beine und eine starke Hinterhand. Es braucht im Grunde keinen Anlauf, um den Sprung zu überwinden. Es kann sogar viel größere Hindernisse aus dem Stand nehmen. Du mußt deswegen nicht schnell auf den Sprung zureiten, aber energisch. Du solltest weiter leichttraben oder aussitzen und den Oberkörper entweder gerade halten oder leicht nach vorn geneigt, mit dem Gesäß am Sattel. So kannst du energisch vorwärtsreiten und tief in den Sattel einsitzen, falls dein Pferd sich entschließt stehenzubleiben oder auszubrechen.

Die drei Phasen eines Sprungs – Absprung, Flugphase und Landung – machen deutlich, warum es so wichtig ist, daß das Pferd den Hals nach vorwärts-abwärts strecken kann.

Schau immer geradeaus nach vorn. Wenn du auf die Stangen und den Sprung zureitest, richte die Augen auf einen festen Punkt vor dir und lasse sie dort. Schiebe beide Hände im Absprung von dir weg, um sicher zu gehen, daß das Pferd genügend Zügelfreiheit hat. Knicke etwas mehr in der Hüfte ab, und erlaube dem Pferd, einen runden Rücken zu machen. Wenn das Pferd nach dem Sprung landet, richte dich auf und reite wieder geradeaus vorwärts.

Jedem ist es etwas mulmig zumute, wenn er anfängt zu springen – manchmal sogar Reitern, die schon seit langer Zeit springen –, aber wenn du jeden Schritt vertrauensvoll vorwärtsreitest, wird dein Pferd den Rest für dich erledigen.

Wann springt ein Pferd gut?

1. Das Pferd geht den Sprung ruhig, gleichmäßig und gerade an.
2. Der Absprung erfolgt wie von einer kleinen Plattform.
3. Über dem Sprung werden die Vorderbeine deutlich angezogen.
4. Das Pferd beugt die Sprunggelenke und hält die Hinterbeine möglichst nah am Körper.
5. Nach einer sanften Landung wird ruhig weitergaloppiert.

Springgymnastik

Der wichtigste Grundsatz beim Reiten lautet: Reite dein Pferd vorwärts und richte es gerade. Ein Pferd, das nicht auf die *vorwärtstreibenden* Kreuz-, Gewichts- und Schenkelhilfen reagiert, wird nicht genug Energie zum Springen haben. Die Hinterhand ist der Motor des Pferdes, aber wenn du »den Fuß vom Gas nimmst«, das heißt, aufhörst, das Pferd vorwärtszu*treiben*, wird es stehenbleiben.

Es muß sowohl in der dressurmäßigen Arbeit als auch beim Anreiten von Hindernissen geradegerichtet sein. Es sollte auf einem Hufschlag bleiben, das heißt, die Hinterbeine müssen in die Hufspuren der Vorderbeine treten, und du solltest das gleiche Gewicht in der rechten und linken Zügelhand fühlen. Auf dem Zirkel oder in der Ecke sollte die Wirbelsäule des Pferdes gleichmäßig entsprechend der Zirkellinie gebogen sein. Wenn ein Pferd nicht wirklich fleißig vorwärtsgeht, »fällt es auseinander« und kann nicht wirklich geradegerichtet sein, und es wird nicht an den Hilfen stehen. Es kann sein, daß es über einen Sprung geht, aber sobald du schwierigere Dinge forderst, wird es verweigern oder vorbeirennen.

Was ist Springgymnastik?

Um Takt, Geschmeidigkeit, Kraft, Gehorsam und die Fähigkeit, die Galoppsprünge zu verlängern oder zu verkürzen, zu fördern, wird das Pferd über Reihen von niedrigen Sprüngen trainiert. Die Abstände dazwischen reichen von keinem Galoppsprung bis zu zwei vollen Galoppsprüngen. Wenn du das Springen lernst, wird dein Pferd wahrscheinlich schon gut ausgebildet sein in diesen Übungen, und es wird dir helfen, deine eigene Geschmeidigkeit, Hilfengebung und Fähigkeit, gerade vorwärtszureiten, zu verbessern. Wenn das Pferd losgelassen und ruhig geht, wirst du es einfacher finden, korrekt zu sitzen. Ohne dir über das Pferd viele Gedanken machen zu müssen, kannst du dich entspannen und dich auf dein eigenes Gleichgewicht und dein Gefühl für den Galoppsprung konzentrieren.

Diese gymnastischen Übungen sind anstrengend für Pferde. Wenn du dein eigenes Pferd trainierst, solltest du nicht zuviel Zeit damit verbringen, obwohl es dem Reiter wirklich Spaß macht. Im Unterricht wird schon der Reitlehrer darauf achten, daß die Pferde nicht ermüdet werden. Die Abstände zwischen den Stangen und den kleinen Sprüngen sind von deinem Reitlehrer gerade so berechnet, daß sie für die Pferde und Ponys einer Gruppe passen. Es ist wichtig, mit den Abständen genau zu sein, ganz besonders bei jungen, unerfahrenen Pferden, weil falsche Abstände schuld daran sein können, daß ein Pferd schlecht an ein Hindernis herankommt und dann stehenbleibt, abspringt und das Hindernis reißt oder schlimmstenfalls in das Hindernis hineinspringt. Pferde und Ponys behalten schlechte Erfahrungen meist lange in Erinnerung, so daß daraus ernsthafte Probleme entstehen können.

In dieser frühen Phase ist es nützlich für dich, ein Gefühl für den Galoppsprung deines Pferdes zu entwickeln. Dabei macht man am Anfang leicht den Fehler, sich so auf den Galoppsprung zu konzentrieren, daß man das flüssige Vorwärtsreiten vergißt und das Pferd beim Springen stört.

Als Anfänger/in solltest du versuchen, so still und ruhig zu sitzen, wie es nur geht, und dich nur darauf konzentrieren, in die Bewegung des Pferdes mitzugehen. Damit ist man meist schon mehr als genug beschäftigt, so daß man gar nicht mehr dazu kommt, zu versuchen, das Pferd exakt an den Sprung heranzureiten. Der Abstand zwischen den Stangen und den Sprüngen bewirkt, daß das Pferd genau richtig an die Sprünge herankommt und sie nehmen kann, ohne aus seinem Galopprhythmus zu kommen.

Der Sitz des Reiters

Je mehr neue Hindernisse du springen lernst, desto wichtiger ist es, daß du richtig im Sattel sitzt. Deine Position im Sattel sollte dem Pferd Rückenfreiheit über dem Sprung erlauben, aber nie zu weit von dem *sicheren* aufrechten Sitz entfernt sein. Durch mehr Übung wirst du im Oberkörper beweglicher, und das ist wichtig, wenn ein oder mehrere Hindernisse zu den Gymnastiksprüngen dazukommen.

Wenn du dich in die Steigbügel stellst oder dich zu weit nach vorn beugst, wird dein Sitz unsicher, so daß:
1. dein Schenkel zurückrutscht und nicht mehr treibend einwirken kann,
2. das Pferd vielleicht stehenbleibt oder vorbeiläuft und du womöglich herunterfällst,
3. du den Kontakt zum Pferdemaul und damit die Kontrolle verlierst (deine Hände rutschen nach vorn), so daß das Pferd leichter stehenbleiben oder vorbeilaufen kann. Ein heftiges Pferd dagegen wird es als Zeichen verstehen, loszustürmen und über die Hindernisse zu rasen.

Beim Springen sitzt der Reiter nicht unbeweglich auf dem Pferd. Wenn das Pferd abspringt, solltest du:
1. in der Hüfte nach vorn abknikken, so daß dein Oberkörper über den Schultern des Pferdes liegt,
2. mit den Händen nach vorne gehen, damit das Pferd den Hals strekken kann,
3. immer geradeaus schauen,

Der Sitz des Reiters beim Springen

Absprung Sitz über dem Sprung Landung

4. die Schenkel ruhig und dicht am Pferd liegen lassen.

Jetzt wirst du den Wert eines sicheren, unabhängigen Sitzes schätzen lernen, denn du brauchst Kontrolle über deinen eigenen Körper, um in deinem Sitz beweglich zu bleiben.

Die Landung nach dem ersten aus einer Reihe von Sprüngen ist besonders wichtig. Wenn du beim Aufkommen nach vorne fällst, bleibt dein Pferd stehen, und du wirst nicht genug Schwung haben, um über das nächste Hindernis zu kommen.

Das Reiten über eine Hindernisreihe

Weiterhin gilt, daß du dein Pferd immer schwungvoll und gerade vorwärtsreiten mußt. Wie schon beim Traben über Stangen ist das Anreiten der Zeitpunkt, der hauptsächlich darüber entscheidet, wie gut oder schlecht dein Pferd über die Stangen kommt. Beim Anreiten eines Hindernisses solltest du die folgenden Punkte im Kopf haben:

1. Schaue schon in der Wendung auf das Hindernis, das du anreiten willst.
2. Reite die Wendung gut aus und nutze sie, um das Pferd mit dem inneren Schenkel an den äußeren Zügel zu reiten.
3. Schaue auf einen festen Punkt vor dir.
4. Reite das Pferd weiter im Takt vorwärts, und halte es gerade.
5. Behindere das Pferd nicht im Sprung und versuche nicht, seinen Galoppsprung zu beeinflussen.
6. Reite nach jedem Sprung weiter vorwärts und geradeaus.

Deine Position bei der Landung:
1. Setze dich wieder aufrecht in den Sattel.
2. Sei bereit, die Zügel zu verkürzen, damit du Kontakt zum Pferdemaul hast und das Pferd geraderichten kannst.
3. Halte den Unterschenkel treibend hinter dem Gurt.
4. Schau immer auf den nächsten Sprung oder auf einen festen Punkt in der Landschaft. Laß das Pferd bei der Landung nicht nach einer Seite abbiegen.

Auch wenn du anfangs im Trab anreiten solltest, wird das Pferd ab der Landung nach dem ersten Hindernis wahrscheinlich galoppieren – was die natürliche Gangart beim Springen ist. Wenn das Pferd zu galoppieren beginnt, laß es in dieser Gangart und versuche nicht, es wieder in den Trab durchzuparieren. Falls du ein Pferd reiten solltest, das gerne zu schnell und zu flach über Hindernisse geht, sind diese Hindernisreihen nicht angebracht, weil sie das Tier eher noch heftiger machen. Der Sinn dieser Übung ist aber, daß das Pferd gleichmäßig und im Takt vorwärtsgeht, den Rücken wölbt und dadurch seine Rückenmuskulatur stärkt.

Absprungstangen

Für den Anfang wird dein Reitlehrer vielleicht eine einzelne Stange als Absprunghilfe 2,6–3 m vor dem Hindernis auf den Boden legen. Schau nicht auf diese Stange, sondern richte die Augen auf einen Fixpunkt vor dir. Eine Absprungstange hilft dem Pferd, seinen Galoppsprung so einzuteilen, daß es passend an das Hindernis herankommt.

Der Aufbau von Hindernisreihen

Eine normale Hindernisreihe besteht im allgemeinen aus vier Trabstangen, gefolgt von einem kleinen Sprung, einer Absprungstange und einem weiteren kleinen Sprung. Die Hindernisse sollen niedrig sein, auch für erfahrene Pferde und Reiter nicht über 90 cm hoch. Es ist nicht wichtig, dem Pferd das Überwinden hoher Hindernisse beizubringen; wenn sich sein Gehorsam sowie seine Kraft und Geschmeidigkeit verbessern, kann man sich die höheren Sprünge ruhig für das Turnier aufheben. Die ersten Oxer sollten nicht tiefer als 90–100 cm sein.

Die Abstände können sich je nach Größe des Pferdes ändern. Deshalb ist es wichtig, daß man einen Helfer hat, der sich auskennt.

Wenn du gut durch diese Grundübungen reiten kannst, wird dein Reitlehrer etwas schwierigere Sprünge aufbauen. Die Hindernisse bleiben niedrig, aber du wirst verschiedene Arten, einschließlich kleiner Hoch-Weitsprünge, kennenlernen. Er wird die Abstände so halten, daß

Abstände für eine einfache Gymnastikreihe aus Bodenstangen und Hindernissen (für Ponys und Kleinpferde)

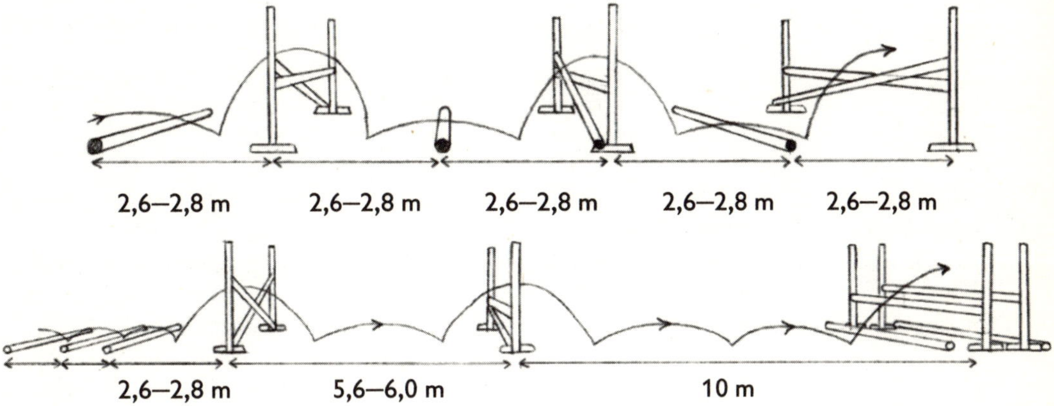

Abwechselnd rechts oder links eingehängte Schrägstangen helfen, das Pferd geradezuhalten.

das Pferd jeweils einen oder zwei Galoppsprünge zwischen den Hindernissen macht. Eine besonders gute Übung und Gymnastik für das Pferd sind sogenannte »In-Outs«, das heißt, das Pferd landet und springt sofort wieder ab, ohne einen Galoppsprung dazwischen. Bei dieser Übung mußt du besonders konzentriert reiten und immer dicht am Pferd bleiben. Wenn du weißt, wie anstrengend es ist, aus der Hocke mehrmals hintereinander hochzuspringen, dann kannst du dir vorstellen, was In-Outs für das Pferd bedeuten. Du mußt das Pferd wie eine Sprungfeder zwischen deinen Händen und deinen Schenkeln spannen, so daß es genügend Schwung entwickeln kann, um durch die ganze Reihe zu kommen.

Faustregel für die Abstände bei der Bodenrickarbeit:
Kein Galoppsprung zwischen Trabstange und Hindernis: 2,6 m
Kein Galoppsprung zwischen zwei kleinen Hindernissen: 3 m
Ein Galoppsprung zwischen zwei kleinen Hindernissen: 5,6 m
Zwei Galoppsprünge zwischen zwei kleinen Hindernissen: 10 m

Die Abstände zwischen den Hindernissen

Wenn du ein Gefühl für das entwikkelt hast, was unter dir passiert, macht dich das zu einem sensiblen Reiter, der auch auf sein Pferd einwirken kann, wenn es nötig wird.

Das Gefühl für den Galoppsprung

Schon in der ersten Zeit an der Longe solltest du gelernt haben, die Fußfolge in jeder Gangart zu erkennen, und immer wissen, in welcher Phase der Bewegung sich das Pferd gerade befindet.

Du solltest das Gefühl für den Takt einer Gangart haben und flüssig über kleine Hindernisse springen können. Prüfe dich und zähle die Anzahl der Galoppsprünge, die dein Pferd zwischen Landung und Absprung macht. Es ist eine gute Übung, laut zu zählen, und der Trainer kann dann sagen, ob dein Gefühl richtig ist oder ob du weiter üben mußt.

Für die ersten Springübungen brauchst du dir keine Gedanken dar-

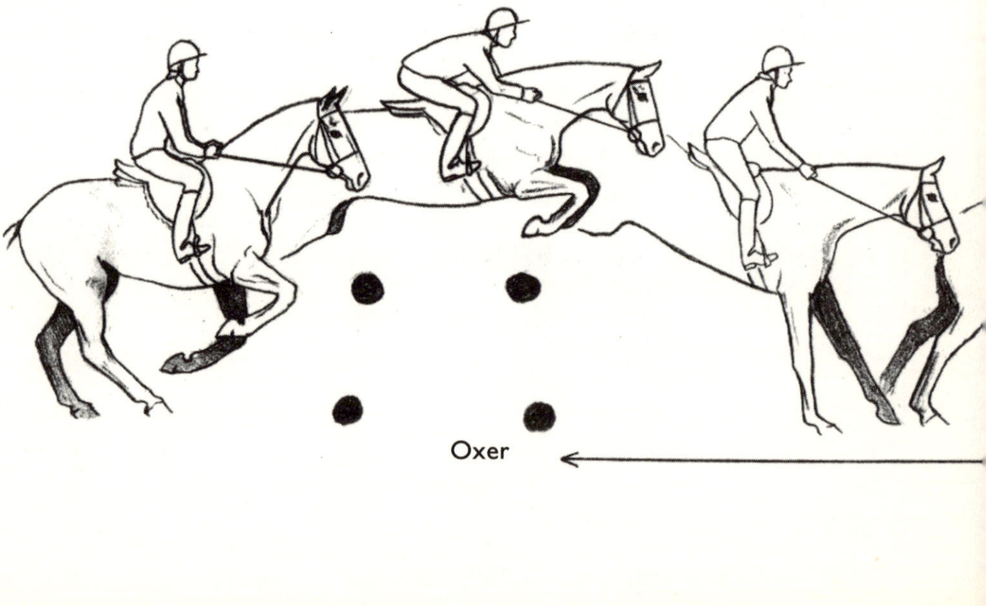

über zu machen, den Galoppsprung deines Pferdes zu verlängern oder zu verkürzen oder ihm zu vermitteln, wo es abspringen soll. Dafür sorgt schon der Aufbau der Sprünge. Deine Aufgabe ist es, flüssig vorwärtszureiten und das Pferd geradezuhalten. Je mehr sich aber dein Gefühl für Abstände entwickelt, desto nützlicher wird es später sein, wenn du schwierigere Aufgaben zu bewältigen hast.

Die Abstände zwischen den Hindernissen

Je nach Größe und Galoppsprung des Pferdes, das du reitest, können aus zwei langen Galoppsprüngen für ein Pferd drei kurze Galoppsprünge für ein anderes werden. Die Abstände ändern sich auch mit der Art, Höhe und Weite des jeweiligen Hindernisses. Bei Fernsehübertragungen von Springturnieren hast du vielleicht die Kommentatoren über bezogene Distanzen sprechen hören. Damit ist der Abstand zwischen zwei Hindernissen im Verhältnis zur Hindernisart gemeint. Der Abstand muß wegen der Bewegungslinie des Pferdes über dem Sprung zwischen zwei Steilsprüngen etwas größer sein als zwischen zwei Oxern. Die Distanzen richten sich auch nach dem Gelände, auf dem der Parcours aufgebaut ist (bergauf oder bergab), der Bodenbeschaffenheit (tief oder hart), und ob er in einer Halle oder auf einem Außenspringplatz aufgebaut ist. Normalerweise sind die Abstände in der Halle geringer als im Freien.

Die Unterschiede in den Abstän-

Abfolge der Bewegungen beim Sprung über eine Kombination mit einem Galoppsprung dazwischen

7 m ⟶ Steilsprung

den sind im Grunde genommen gering, aber es ist sehr wichtig, daß sie stimmen. Besonders in der ersten Zeit, wenn du das Gefühl fürs Springen entwickeln sollst, muß dein Trainer die Erfahrungen, die er selbst mit deinem jeweiligen Pferd gemacht hat, und seine Beobachtungsgabe nutzen, um die Abstände genau passend aufzubauen.

Wenn du deine eigenen Sprünge und Kombinationen aufbaust, ist es wichtig, daß sie stimmen; dein Selbstvertrauen und das deines Pferdes können sonst leicht einen Knacks bekommen. Die Hindernisse sollten nicht höher als 90 cm sein, und die Abstände sollten betragen: 5,6 m für einen Galoppsprung und 10 m für zwei Galoppsprünge zwischen zwei kleinen Steilsprüngen; 6–6,5 m für einen Galoppsprung und 10,5 m für zwei, wenn es sich um Hoch-Weitsprünge (Oxer) handelt.

Erfahrene Reiter und Trainer verändern die Abstände zwischen Hindernissen, um die Pferde zu veranlassen, ihren Galoppsprung zu verlängern oder zu verkürzen. Ein Anfänger sollte das, außer unter Anleitung, lieber nicht versuchen.

Verschiedenartige Hindernisse

Sobald du im Springen sicherer geworden bist, wird dein Trainer neue Hindernisse in die Kombinationen und Hindernisreihen einbauen. Solange du noch lernst, ist es wichtig für dein Selbstvertrauen, daß dein Pferd die verschiedensten Hindernisse willig angeht. Je mehr Zuversicht dir dein Pferd vermittelt, desto unbeschwerter wirst du es auf alle möglichen neuartigen Sprünge zureiten. Diese müssen nicht unbedingt höher als die bereits bekannten sein, aber sie können dich trotzdem reiter-

Zwei Hindernisse in einem Abstand von vier Galoppsprüngen

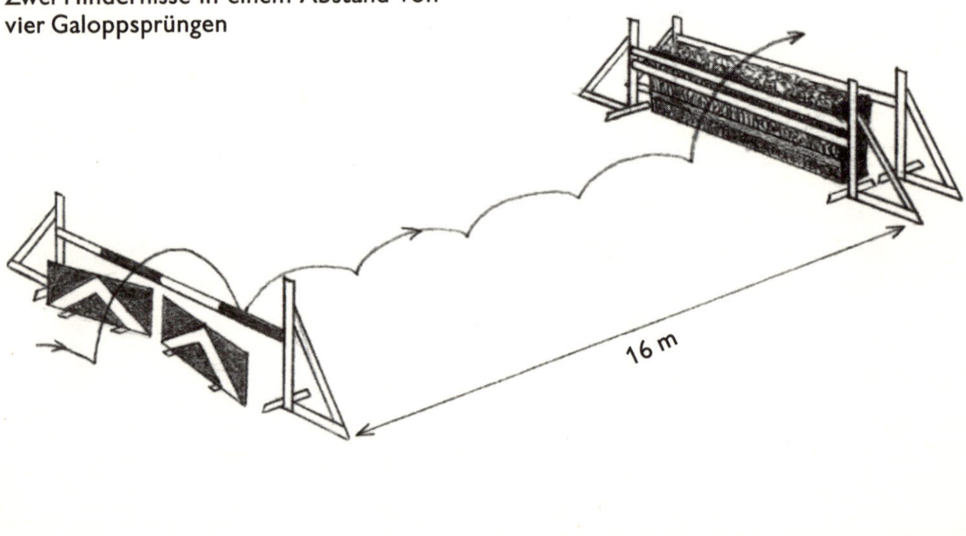

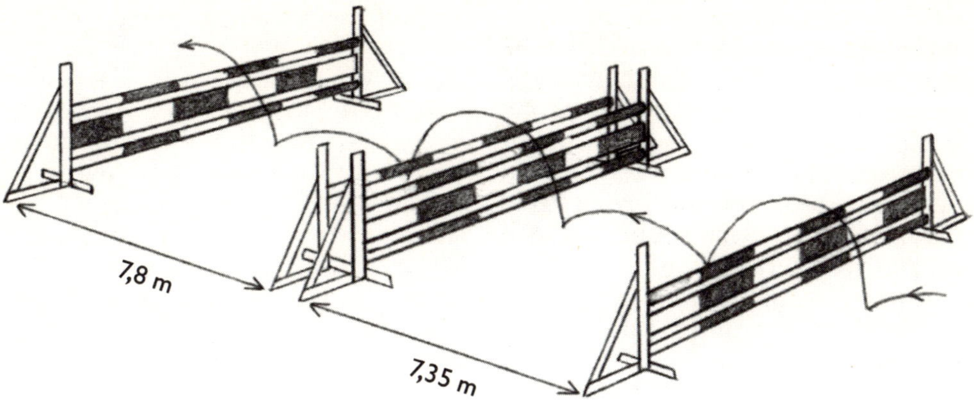

Eine dreifache Kombination bestehend aus Steilsprung-Oxer-Steilsprung mit je einem Galoppsprung dazwischen.

lich vor Probleme stellen. Vielleicht findet dein Pferd beispielsweise bunt bemalte oder sonstwie ungewöhnliche Sprünge unheimlich und muß deswegen verstärkt vorwärtsgeritten werden.

Kombinationen

Kombinationen können aus zwei oder drei Einzelelementen bestehen. Je nachdem spricht man dann von einer doppelten oder dreifachen Kombination, deren Abstände von der Art der Hindernisse abhängen. Die Abstände lassen dem Pferd Platz für einen, zwei oder drei Galoppsprünge zwischen den einzelnen Elementen.

Grundsätzlich gibt es zwei Typen von Hindernissen, denen du, entweder als Einzelsprung oder als ein Teil einer Kombination, begegnen wirst: Steilsprünge und Hochweitsprünge wie beispielsweise Karree-Oxer, Treppen (ansteigende Oxer) und Dachsprünge. In großen, internationalen Springturnieren kann man sehen, daß die Parcoursbauer viel Phantasie darauf verwenden, alle möglichen neuartigen und attraktiven Hindernisse zu entwerfen, aber im Grunde sind sie alle doch immer nur Abwandlungen dieser beiden Grundformen.

Achte einmal darauf, wie Pferde verschiedene Hindernisse angehen. Bei großen, weiten, ansteigenden Sprüngen muß der Absprung näher am Hindernis erfolgen als bei Steilsprüngen. Sonst kann das Pferd die Tiefe nicht schaffen. Kommt es andererseits zu nah an einen Steilsprung heran, kann es die Höhe nicht mehr überwinden. Hindernisse stehen noch in einem Abstand bis zu 20 m miteinander in Bezug, und bei den großen Turnierhindernissen können schon ein paar Zentimeter kritisch werden und die Aufgabe des Reiters komplizieren.

Eine Absprungstange, die man 2,6–3 m vor den Sprung legt, macht es dem Pferd leichter, den richtigen Absprung zu finden. Diese Stangen sind für Anfänger ein gutes Hilfsmittel. Man wird leicht übereifrig, aber bis du mehr Erfahrung hast, solltest du immer warten, bis dein Pferd abspringt, und dann mitgehen. Dabei hilft dir die Absprungstange. Du solltest nicht versuchen, dein Pferd zu beeinflussen oder es passend an einen Sprung heranzureiten, bevor du nicht viel mehr Erfahrung gesammelt hast. Parcoursbauer auf einem gehobenen Niveau plazieren ihre Hindernisse in Winkeln und Abständen zueinander, so daß die Reiter wirklich ihren Kopf gebrauchen müssen. Obwohl es auch für einen Anfänger interessant ist zu wissen, welchen Unterschied ein paar Zentimeter mehr oder weniger machen können, wirst du dich für eine ganze Weile noch nicht darum zu kümmern brauchen. Bei Anfängern ist es das Ziel des Parcoursbauers, Pferd und Reiter Mut und Selbstvertrauen einzuflößen. Schwierige Abstände haben da nichts zu suchen. Wenn du selbst einen kleinen Parcours oder eine Hindernisreihe baust, halte die Abstände immer so, daß sie für dein Pferd einfach zu bewältigen sind.

Wenn du alleine trainierst, achte immer darauf, daß deine Hindernisse eine gute Grundlinie haben (das heißt, daß die untere Linie des Hindernisses für das Pferd gut zu erkennen ist), damit das Pferd gut den Absprung finden kann. Falls keine Grundlinie vorhanden ist oder nur eine schlechte Linie auf unebenem Boden, ist es schwieriger für das Pferd, den richtigen Absprung zu finden. Besonders junge Pferde scheuen gerne vor Hindernissen, die viel Licht durchlassen; mache deshalb, wenn du ein unerfahrenes Pferd reitest, die Hindernisse immer so einladend wie möglich. Gegenseitiges Vertrauen ist wichtig zwischen Pferd und Reiter. Fordere nie zuviel von deinem Pferd oder von dir selbst.

Verschiedene Hindernistypen

Der einfache Parcours

Die Springgymnastik hilft dir, gut im Sattel zu sitzen, sicher vorwärtszureiten und ein Gefühl für den Sprung und den Galoppsprung deines Pferdes zu entwickeln. Du lernst, deine Sprünge gerade anzureiten, dein Pferd in der Hindernisreihe geradezuhalten, den Schwung nicht zu verlieren und auch nach dem Sprung geradeaus weiterzureiten. Wenn du diese Aufgaben im Trab und Galopp einwandfrei beherrschst, ist es an der Zeit, Einzelsprünge zu einem kleinen, unkomplizierten Parcours zusammenzustellen.

Eine Dressurprüfung mit Hindernissen

Wenn du deinen ersten Parcours reitest, wirst du merken, wie wichtig es ist, exakt zu reiten. Du wirst auch verstehen, warum dies einem gutausgebildeten Reiter auf einem gut gerittenen Pferd besser gelingt. Ein Parcours sollte so sorgfältig und flüssig geritten werden wie eine Dressurprüfung und genauso unter Beachtung aller Grundsätze des guten Reitens. Neunzig Prozent des Parcours bestehen aus dem Reiten der Wege zwischen den Hindernissen und dem Anreiten der Hindernisse. Du kannst gar nicht mehr tun, als dein Pferd sauber an die Sprünge heranzureiten. Ist es erst einmal abgesprungen, kannst du nur noch stillsitzen und geradeaus sehen.

Gute Wendungen reiten

Man kann einen Sprung nur gerade anreiten, wenn man die Wendungen sorgfältig ausreitet. Das geht nur, wenn man auf den Sprung sieht, bevor man die Wendung reitet. Viel zu oft sieht man Reiter nach unten, auf ihre Hände oder den Pferdehals blicken. Wie die aussehen, sollte man aber wissen, ohne nachzusehen! Schau immer in die Richtung, in die du reiten willst. Das Pferd wird dann fast automatisch folgen.

Durch sauber gerittene Wendungen kannst du dein Pferd dazu bringen, energisch unterzutreten. Wenn du nach vorne siehst, richtig gerade sitzt und immer wieder halbe Paraden gibst – das heißt, den äußeren Zügel ein paarmal leicht annimmst und gleichzeitig mit dem inneren Schenkel vermehrt treibst –, machst du dein Pferd aufmerksam und bringst es vor dem Anreiten des

Der Kurs
Dein Kurs ist der Weg, den du durch den Parcours reitest – wie du die Hindernisse anreitest, springst und hinterher landest. Um einen guten Kurs zu reiten, mußt du wissen, welche Hindernisse du in welcher Reihenfolge springen mußt. Du mußt dein Pferd aufmerksam an den Hilfen halten. Dabei kannst du nicht erst in letzter Sekunde entscheiden, wo du hinreitest. Wenn du die Ecken abschneidest oder abrupt abwendest, ist das für dein Pferd nicht die beste Voraussetzung, um gut über die Hindernisse zu kommen.

Sprungs ins Gleichgewicht. Die Energie, die du damit erzeugst, fängst du weich mit den Händen auf und entläßt sie erst für den Absprung. Dann schnellt dein Pferd wie von einer Sprungfeder getrieben über den Sprung.

Du wirst zuerst Einzelhindernisse springen, und dann werden immer mehr Sprünge dazukommen, bis sie zusammen einen Parcours ergeben. Anfangs kann dein Reitlehrer eine Absprungstange benutzen, damit dein Pferd den richtigen Absprung findet. Schaue nach vorne auf das Hindernis und nicht auf die Absprungstange. Über dem Sprung schaust du schon auf das nächste Hindernis, und wenn dein Pferd landet, mußt du darauf vorbereitet und in der Lage sein, es wieder aufzunehmen und den nächsten Sprung anzureiten.

Gleichgewicht und Handwechsel

Für den Anfang ist es wahrscheinlich immer noch besser, das erste Hindernis im Trab anzureiten. Das verhilft dem Pferd zu einem besseren Absprung. Es wird im Galopp landen, und wenn es dir gelingt, einen schönen, aktiven und runden Galopp beizubehalten, kannst du für den Rest des Parcours auch in dieser Gangart bleiben.

Es hilft, wenn deine ersten Parcours immer auf derselben Hand zu reiten sind. Das heißt, daß das Pferd den ganzen Kurs über im selben Galopp bleibt. Wenn die Hindernisse grundsätzlich rechtsherum (also im Uhrzeigersinn) anzureiten sind, solltest du im Rechtsgalopp bleiben; wenn sie linksherum anzureiten sind, im Linksgalopp.

Wieder wird dein Gefühl für das, was unter dir passiert, wichtig. Nur weil ein Kurs auf der rechten Hand aufgebaut ist, wird dein Pferd nicht automatisch nach dem Sprung so aufkommen, daß es im Rechtsgalopp weitergaloppiert. Bevor du den Parcours aber im Außengalopp weiterreitest, solltest du zum Trab durchparieren und dein Pferd wieder ins Gleichgewicht bringen. Dann kannst du entweder wieder rechts angaloppieren oder in einem ruhigen, aktiven Trab bleiben, um den nächsten Sprung anzureiten. Wenn du Schwie-

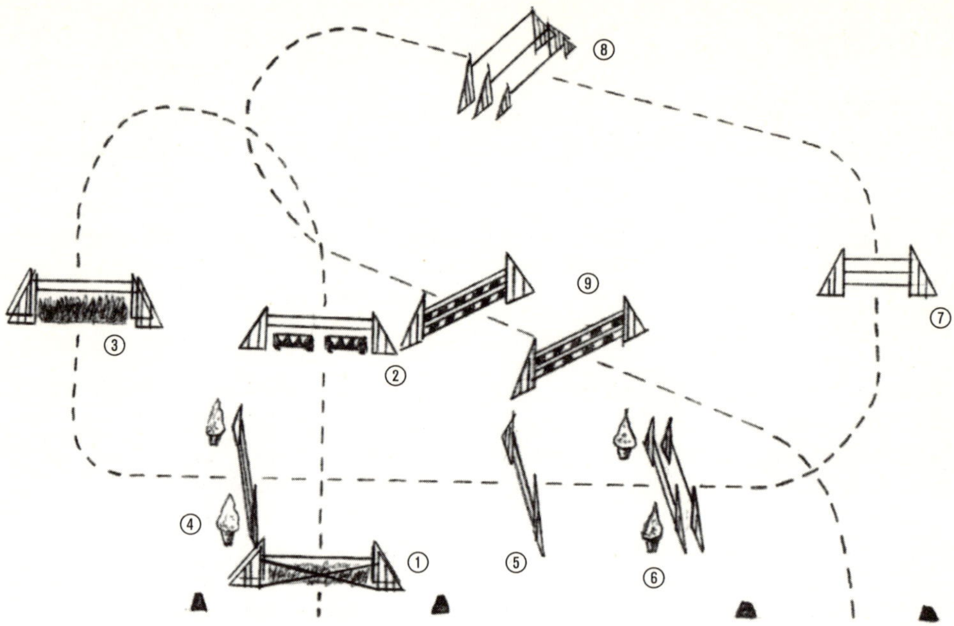

rigkeiten mit dem Angaloppieren hast, ist es besser, du bleibst im Trab, sonst wirst du vielleicht nur einen schnellen, auseinandergefallenen und ungleichmäßigen Trab erreichen und den nächsten Sprung vielleicht gleich ganz verpassen. Ein Parcours ist kein Grund, sich zu überhasten oder in Panik zu geraten. Laß dir Zeit, besonders um dein Pferd immer im Gleichgewicht zu halten.

Dadurch, daß du auf den nächsten Sprung schaust, kannst du dazu beitragen, daß das Pferd auf der richtigen Hand landet. Wenn du in die Richtung siehst, in die du reiten möchtest, ist es sehr wahrscheinlich, daß dein Pferd automatisch im passenden Galopp landet. Liegt das nächste Hindernis geradeaus vor dir,

Ein Parcours auf der linken Hand: ① Naturstangen mit Bürste, ② Steilsprung mit optischem Füllmaterial, ③ Oxer ausgefüllt mit Zweigen, ④ Plankensprung, ⑤ Steilsprung, zwei Galoppsprünge bis ⑥ Stangenoxer, ⑦ Gatter, ⑧ Triplebarre, ⑨ zweifache Kombination mit einem Galoppsprung dazwischen.

Pony und Reiterin überwinden den Oxer in schöner Manier. Das Pony wölbt den Rücken schön über dem Sprung und zieht die Vorderbeine dicht unter den Körper. Die Reiterin geht mit in die Bewegung und behält sensibel Kontakt mit dem Pferdemaul.

1051

84

Ein Parcours mit einem Handwechsel

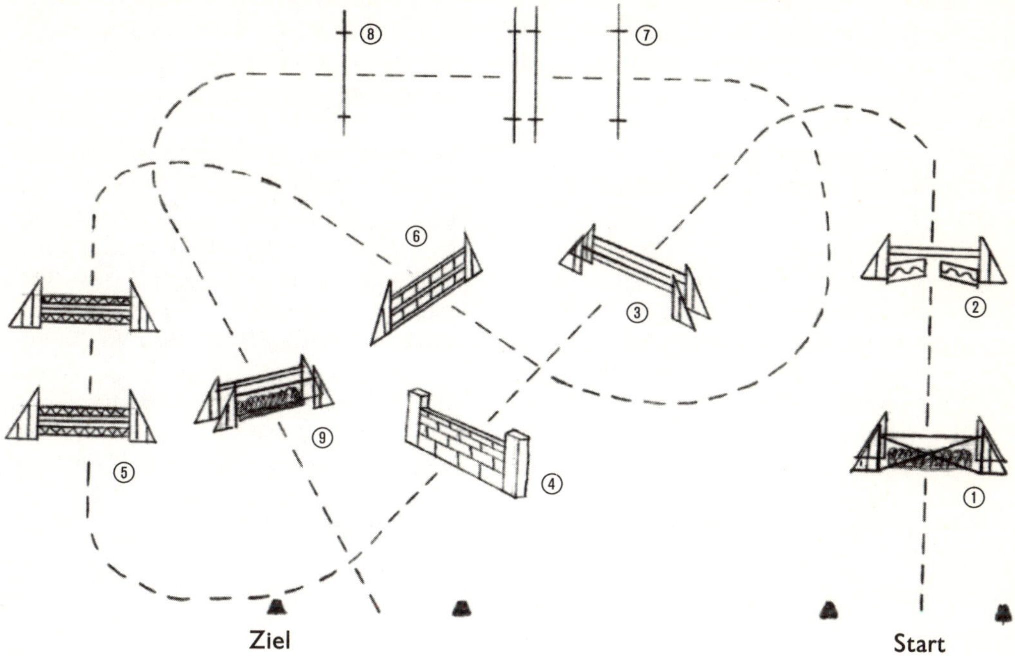

dann ist es gleich, auf welchem Bein das Pferd landet, aber es ist eine gute Übung, zu fühlen, welches Bein vorgreift, ohne dabei hinunterzusehen.

Oben: Bei Geländeprüfungen wird über feststehende Hindernisse gesprungen, deren Stangen beim Anschlagen nicht herunterfallen. Ein Reiter darf hier sein Pferd nicht überfordern, da es sich beim Berühren eines Hindernisses immer wehtut und in schlimmeren Fällen sogar stürzen kann. Diesen beiden ist der Sprung ins Wasser geglückt.
Unten: Während Reiter und Pferd den Wall hinunterspringen, richtet sich ihre Aufmerksamkeit bereits auf das nächste Hindernis.

Wenn du einen Parcours ohne Richtungswechsel korrekt reiten kannst, wird es Zeit für einen Handwechsel, möglicherweise mit Sprüngen, die in Form einer Acht aufgebaut sind. Für einen einfachen Galoppwechsel parierst du beim dressurmäßigen Reiten entweder zum Trab oder zum Schritt durch, stellst das Pferd um und läßt es auf der anderen Hand wieder angaloppieren. Dazu gibst du halbe Paraden und achtest darauf, mit der äußeren Hand immer eine gute Zügelanlehnung zu halten. Wichtig ist, besonders beim Springen, das Gefühl, daß das Pferd dich immer vorwärtsträgt. Falls der Achter-Kurs ein Hindernis auf der

Mitte der Diagonalen hat, wird das Pferd wahrscheinlich über dem Sprung die Hand wechseln, wenn du in die Richtung siehst, in die du reiten willst.

Nicht den Sitz verlieren

Wenn Anfänger beim Springen übereifrig werden, neigen sie dazu, nach vorne zu fallen. Dadurch verlieren sie den Sitz, der Schenkel rutscht zurück, und die Kontrolle über das Pferd geht verloren. Wenn der Oberkörper nach vorn kommt, hängen logischerweise auch die Zügel durch, und dann gibt es keinen Kontakt mehr zum Pferdemaul. Das Pferd hört auf, auf den Reiter zu achten. Ist es ein schwerfälliger, phlegmatischer Typ, wird es an Schwung verlieren und bei der ersten Gelegenheit stehenbleiben. Ist es nervös oder leicht erregbar, verliert es das Vertrauen zum Reiter und fängt an zu stürmen.

Bleibe während des ganzen Parcours geschmeidig im leichten Sitz, aber immer bereit, dich wieder tiefer in den Sattel zu setzen und das Pferd vorwärtszuschieben. Bleibe im treibenden Sitz, bis das Pferd abspringt. Warte immer auf dein Pferd; werde nicht übereifrig und wirf die Zügel nicht weg, wenn du noch drei Galoppsprünge vom Hindernis entfernt bist. Damit reitest du das Pferd nur in das Hindernis hinein.

So wird ein einfacher Galoppwechsel mit ein paar Trabtritten dazwischen geritten.

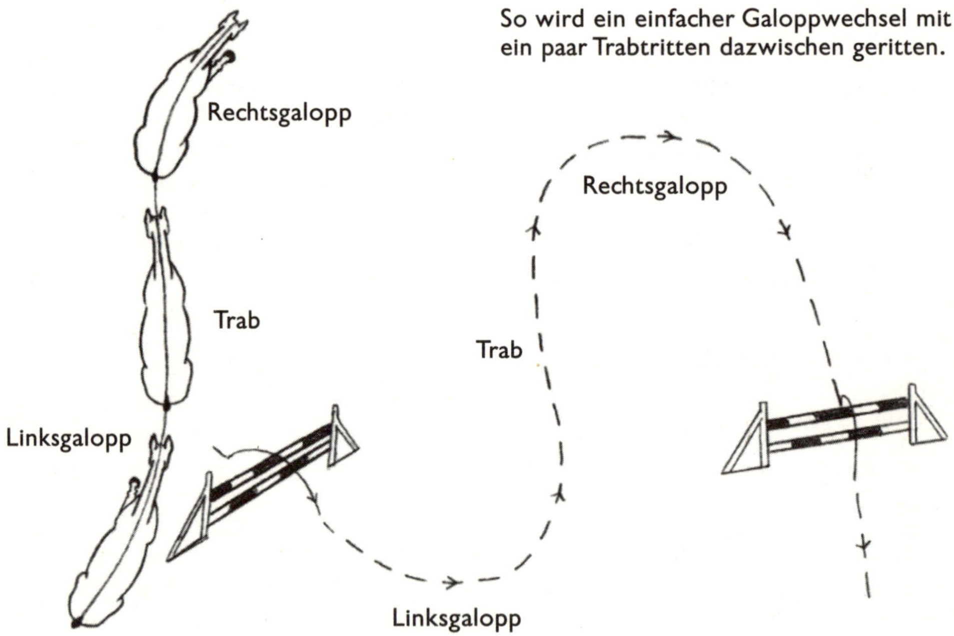

Springen über Kombinationen

Damit dein Parcours etwas anspruchsvoller wird, führt der Reitlehrer zweifache und dreifache Kombinationen ein. Jetzt mußt du dich an die vorhergegangenen Lektionen über kleine Hindernisreihen erinnern. Dein Pferd braucht große Energiereserven, um über zwei oder drei Hindernisse zu springen. Es sollte mit erhobenem Kopf aufmerksam auf den Sprung zu galoppieren. Du solltest einen Punkt hinter dem letzten Sprung fixieren. Wenn du auf das erste Hindernis siehst und dein Pferd womöglich am langen Zügel in einem trägen Galopp heranreitest, wirst du höchstwahrscheinlich mitten in den Stangen enden.

Behalte die Schenkel immer am Pferd und reite einen aktiven, federnden Galopp. Du solltest imstande sein, das Pferd auf der Geraden zum Verlängern oder Verkürzen seines Galoppsprungs zu bringen, es also entweder vorwärtsgehen zu lassen oder es zu versammeln und dadurch soviel Energie zu erzeugen, daß es kraftvoll springen kann. Sei darauf vorbereitet, zwischen den einzelnen Elementen einer Kombination bei der Landung die Zügel schnell wieder aufzunehmen, dich treibend in den Sattel zu setzen und dein Pferd für das nächste Element ins Gleichgewicht zu bringen. Halte es gerade, so daß es nicht ausbrechen kann.

Falls du dir selbst einen Parcours baust, achte darauf, daß weder die Höhe noch die Weite der Elemente einer Kombination mehr als 90 cm betragen – das ist mehr als genug zum Üben. Es ist immer nützlich, einen erfahrenen Helfer dabei zu haben, der dir beurteilen hilft, wie dein Pferd mit den gesetzten Abständen zurechtkommt. Er oder sie kann helfen, die Sprünge zurechtzurücken, falls es notwendig ist, und natürlich die abgeworfenen Hindernisse wieder aufbauen.

Ein gegebener Abstand kann für ein Pferd wesentlich schwieriger sein als für ein anderes. Es kommt immer auf die Bodenbeschaffenheit an und darauf, ob der Boden eben oder in Hanglage, bergauf oder bergab geneigt ist. Du brauchst Beratung eines Profis, damit du die technischen Probleme erkennen kannst.

Die Abstände zwischen den Elementen einer Kombination:
Ein Galoppsprung dazwischen: 5,6–6 m
Zwei Galoppsprünge dazwischen: 9,5–10 m
Drei Galoppsprünge dazwischen: 14–14,5 m

Hindernisse selber bauen

Es ist wunderbar, wenn man professionelle Hindernisse zur Verfügung hat, aber sie sind leider auch sehr teuer. Es macht viel Spaß, der Phantasie freien Lauf zu lassen und mit einem erfahrenen Helfer Hindernisse selbst zu entwerfen und zu bauen.

Rohmaterialien

Heutzutage ist jeder zum »Recyclen« aufgefordert, also sieh dich um in Haus, Hof und Garten und überlege, was sich an alten, ungenutzten Dingen zu Übungshindernissen umfunktionieren läßt. Falls zum Beispiel zufällig irgendwelche Renovierungsarbeiten im Haus vorgenommen wurden, dürften jede Menge Reste vorhanden sein, die gut als Füllmaterial für die Hindernisse zu gebrauchen sind:

1. Alte Türen (Türangeln und Griffe entfernt!) können bunt angestrichen und als Füller für Steilsprünge genutzt werden. Ansonsten könnte man sie auch leicht schräg an eine Stange lehnen und so einen etwas ansteigenden Hoch-Weitsprung bekommen. Oder man könnte sie mit einem Ziegelsteinmuster versehen, so daß sie wie eine Mauer wirken.
2. Badewannen (Wasserhähne entfernen und scharfe Kanten absichern!) kann man mit Erde auffüllen, mit Blumen bepflanzen und zu einem höchst attraktiven Füller gestalten. Allerdings muß dieses Hindernis schon an seinem endgültigen Platz aufgebaut werden, da es zu schwer zum Herumtragen ist.
3. Farbkübel kann man bunt anmalen und als Grundlinie oder Füller nebeneinander aufreihen. Stabilität erreichst du hier, wenn du sie mit Wasser oder Sand füllst und die Deckel wieder schließt.
4. Ein alter Tisch, vielleicht mit gekürzten Beinen, würde einen guten Tischsprung abgeben. Er wäre allerdings ziemlich schmal, so daß man ihn seitlich mit Stufen oder einem Zauntritt versehen müßte.

Im Garten oder in der Garage kann man folgendes finden:

1. Autoreifen sind sehr gut als Füller geeignet oder können, wenn du genug davon hast, die Basis für Ständer bilden.
2. Falls du an alte 120-l-Ölfässer herankommst: Sie geben, auf den Kopf oder auf die Seite gestellt, hervorragende Seitenständer ab. Eine Reihe von liegenden Fässern ergibt einen

schönen Sprung. Kleinere Ölfässer bilden eine gute Grundlinie, wenn sie in einer Reihe nebeneinander liegen; man kann sie auch stehend als Füller verwenden. Vergewissere dich, daß die Fässer keine giftigen oder ätzenden Flüssigkeiten enthielten. Sprich erst mit dem Besitzer, bevor du sie mitnimmst.

3. Gestrüpp (vom Stutzen von Hekken oder Bäumen): Die Sprünge können mit zusammengeschnürten Bündeln gefüllt werden.

4. Obwohl Holzscheite vielleicht für ein Holzfeuer in deinem Kamin gebraucht werden, kann man auch ein interessantes Holzstoß-Hindernis aus ihnen bauen. Laß dir von jemandem zeigen, wie man die Holzscheite aufschichtet, so daß sie sicher liegen und nicht so leicht herunterfallen.

5. Wenn der Wind ein paar Äste abgebrochen hat, vor allem von Nadelbäumen, kannst du diese vielleicht als Füller für Seitenteile nutzen, bis das Grün abstirbt. Wenn du genug Platz hast und irgendwo umgefallene Baumstämme bekommen kannst, kannst du diese im Abstand von ca. 3 m hintereinander auf den Boden legen und darübergaloppieren.

6. Wenn du den Platz dafür hast, könntest du etwas für die Umwelt tun und mit deinem eigenen permanenten Derby-Parcours beginnen, indem du ein paar immergrüne Bäume in einer Reihe von etwa 3–4 m nebeneinander pflanzt. Ein Baum wie beispielsweise *»Cupressus leylandii«* schlägt nach allen Seiten aus, und du kannst ihn oben stutzen und du kannst ihn nach deinem Geschmack zu einer eindrucksvollen Hecke gestalten.

7. Strohballen geben eine gute Füllung oder einen ganzen Sprung ab. Auf einem Ende stehend sind sie auch gute Ständer, oder sie können rechts und links als Fang genutzt werden, wenn dein Pferd dazu neigt, am Sprung vorbeizulaufen.

Hindernisse selber bauen

1. Umgefallene Bäume ergeben, falls sie nicht zu dick sind, ein schönes weites Naturhindernis.
2. Zäune aus Pfosten und Stangen sind vielseitiger, wenn die obere Stange beweglich ist, so daß man in beide Richtungen darüber springen kann.
3. Ein Graben könnte vor einem kleinen Hindernis gesprungen werden (vergiß nicht, für eine Grundlinie auf der Absprungseite zu sorgen) oder als Mittenfüller eines Oxers dienen. Wenn er ziemlich breit ist, kannst du eine Stange über die Mitte legen und so einen Trakehner-Graben bauen, oder falls du einen kleinen Fluß in der Nähe hast, kannst du ihn durchreiten. Das ist eine gute Übung für Geländeritte. Damit sich dein Pferd nicht unnötig erschreckt, versichere dich, daß die Stellen zum Hinein- und Hinausreiten für das Pferd so einladend wie möglich wirken und der Grund nicht sumpfig oder rutschig ist.

Die natürliche Umgebung

Schau dich um in dem Gebiet, wo du Sprünge aufbauen kannst, und sieh zu, was die Natur dir bietet. Vielleicht gibt es einen Wall oder einen Graben, den du genau so nehmen kannst, wie er ist. Ansonsten kannst du ein Hindernis darum herum bauen. Je nachdem, wie steil der Wall ist, könntest du ein kleines Hindernis oben hinstellen und einen Tiefsprung daraus machen, oder du machst einen Skisprung mit dem Hindernis am Fuße des Walls. Sei aber nicht zu ehrgeizig – halte die Sprünge niedrig.

Ständer und Auflagen

Am schwierigsten ist es, mit Ständern zu improvisieren, da Steilsprünge robust und sicher sein müssen. Die Auflagen müssen so geformt sein, daß die Stangen leicht herunterfallen können. Die Stangen sollten solide und ziemlich schwer sein. »Bohnenstangen« werden von den Pferden nicht so leicht gesehen und nicht genügend respektiert und können Unfälle verursachen.

Mit einem tatkräftigen Helfer und den richtigen Materialien sind Ständer relativ einfach zu bauen. Ein Holzpflock, 10 cm (im Quadrat) dick und 110–130 cm hoch, kann an einer breiten Basis befestigt werden. Diese Basis kann zum Beispiel aus vier Standfüßen, jeweils mit den Maßen 10 × 5 × 60 cm, bestehen, die jeweils an eine Seite des Ständers genagelt werden. Die Löcher für die Auflagen kann man bohren, oder man bringt Bolzen an, die leicht schräg nach oben stehen, um die Auflage in der richtigen Position zu halten. Der fertige Ständer sollte solide und schwer sein und fest auf dem Boden stehen. Es sollten keine scharfen Kanten oder herausstehende Schrauben oder Nägel daran sein. Vielseitiger als Ständer und einfacher zu

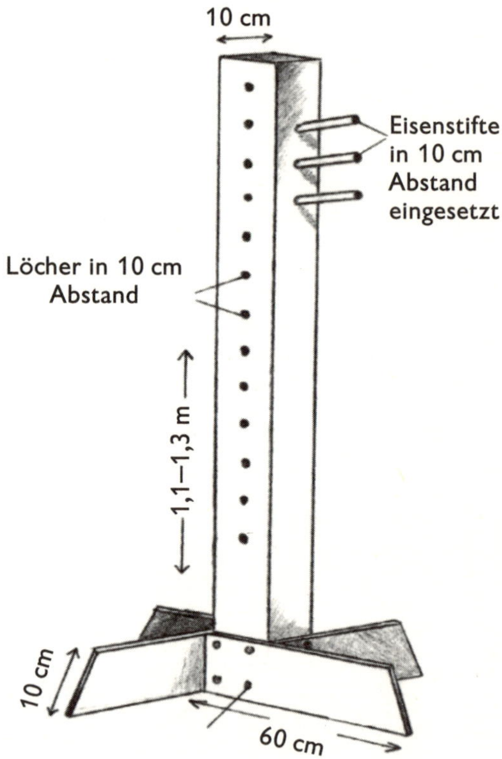

Ein einfacher Hindernisständer

bauen sind Springklötze, mit einer leichten Vertiefung auf jeweils einer Seite, so daß die Auflagestange nicht herausrollen kann. Sie können aus vorgefertigtem Holz oder aus Baumstümpfen sein, müssen aber die gleiche Größe haben, wenn man sie platzsparend aufeinanderstapeln will. Es gibt auch Hersteller von Plastikspringklötzen; sechs Stück davon würden am Anfang für einen kleinen eigenen Parcours ausreichen.

Wenn du in der Nähe eines staatlichen Forstes wohnst, solltest du relativ leicht an günstige Stangen kommen. Es gibt sie normalerweise in Längen von 3,1–3,6 m mit und auch bereits ohne Rinde. Es ist sinnvoll, wenn die Enden schon abgerundet, kleinere Äste und Zweige entfernt und die Ansätze glattgeschmirgelt worden sind. Wenn du die Stangen anstreichen möchtest, sind solche ohne Rinde besser geeignet. Stangen mit der halben Länge sind gut für schmale Hindernisse.

Telegrafenmasten geben gute Grundlinienstangen für eine Hindernisreihe oder feste Füllungen für Geländehindernisse ab.

Sicherheit als erstes Gebot

Denke bei all deinen Eigenbauten sorgfältig darüber nach, was du da fabrizierst. Ist der Sprung auch sicher für das Pferd?

Denke immer an die folgenden Richtlinien:

1. Baue Hindernisse, die das Pferd leicht sehen kann.
2. Für den Absprung ist immer eine gute Grundlinie nötig.
3. Vergewissere dich, daß keine scharfen Kanten vorhanden sind.
4. Achte darauf, daß die Stangen leicht aus den Auflagen fallen.
5. Halte alle Sprünge in gutem Zustand.
6. Der Boden für Absprung und Landung muß eben sein – verändere sonst die Position der Hindernisse.
7. Sieh zu, daß dein Sattelzeug in gutem Zustand ist und du nachgegurtet hast, bevor du springst.
8. Das Springen soll Spaß machen!
9. Baue nichts, woran dein Pferd hängenbleiben könnte.
10. Laß keine hervorstehenden Nägel oder Schrauben stecken.
11. Laß dein Pferd nicht auf sehr weichem oder steinhartem Boden springen.
12. Reite kein Pferd, mit dem du nicht fertig wirst, wie zum Beispiel ein kaum angerittenes Pferd oder ein starkes, leicht erregbares Pferd.
13. Laß keine Auflagen in Ständern hängen, die nicht genutzt werden, sondern bringe sie an einen sicheren Platz.
14. Überfordere weder dich noch dein Pferd, indem du zu hohe Sprünge aufbaust.

Solange du diese Faustregeln zur Sicherheit beachtest, kannst du deine Hindernisse so »verrückt« bauen, wie du möchtest. Wenn du mit deinem Pferd auf Turniere gehst, wird es dort wieder andere, neue Hindernisse geben. Ist das Pferd ungewöhnliche Hindernisse schon von zu Hause gewohnt, hat es damit weni-

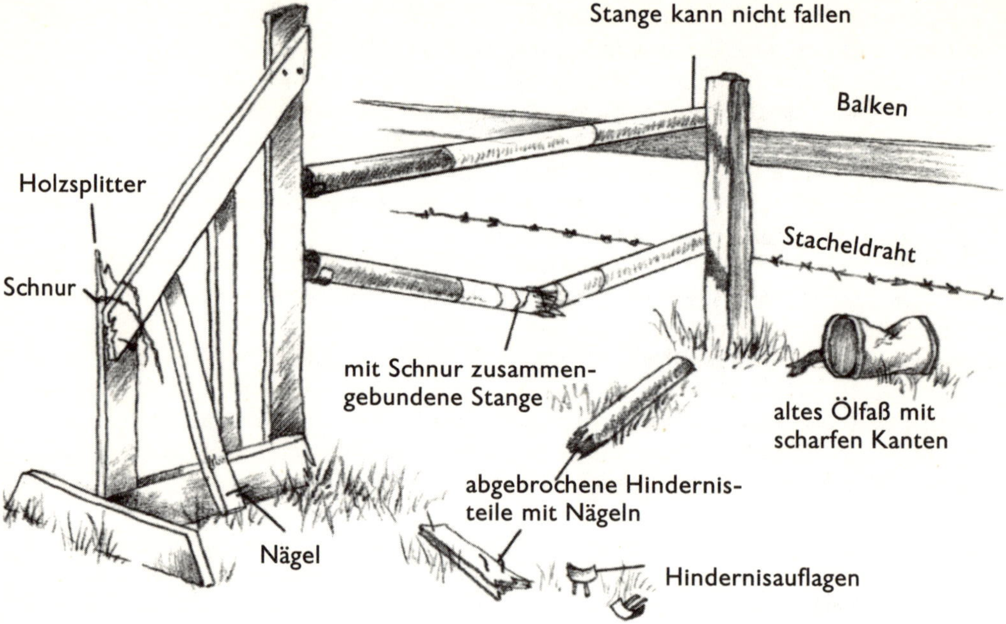

Wie man Hindernisse nicht bauen sollte. All deine Eigenbauten müssen sicher sein.

ger Schwierigkeiten, und ihr werdet beide mit mehr Selbstvertrauen an diese ungewöhnlichen Sprünge herangehen.

Professionelle Hindernisse

Es ist eine tolle Sache, wenn du an ein paar professionell hergestellte Hindernisse herankommst. Du könntest welche auf einer Auktion bekommen, manchmal werden alte Turnierhindernisse auch in der Zeitung annonciert. Schon zwei oder drei Fänge können Abwechslung in deine Eigenbauten bringen. Ein Set von Planken ist nützlich, und ein Gatter bietet einmal etwas anderes. Genauso wirst du, wenn du nur selbstgebaute Ständer hast, Auflagen kaufen müssen; aber mit der Zeit solltest du es schaffen, einen richtig guten und interessanten Parcours zusammenzustellen.

Kümmere dich um deine Hindernisse, und lagere sie möglichst über den Winter in einer Scheune, um das Holz zu schützen. Es ist eine gute Idee, die Stangen und Füllungen einmal im Jahr neu zu streichen, und mit ein paar Freunden zusammen könnt ihr euch richtig künstlerisch betätigen!

Springen als Teil der Ausbildung

Wir neigen dazu, über *Dressur* und *Springen* zu sprechen, als seien es zwei verschiedene Sportarten. Wahr ist, daß manche Reiter lieber das eine tun als das andere und manche Pferde für das eine mehr geeignet sind als für das andere, aber der Reitunterricht sollte eine Mischung von beidem sein. Die Dressur verhilft Pferd und Reiter zu Gleichgewicht und Koordination für das Springen; Springen macht die Dressurarbeit interessanter und abwechslungsreicher. Vorausgesetzt, das Pferd wird beim Springen nicht zu heftig, können ein paar Stangen in jede normale Reitstunde integriert werden.

Das Abreiten

Für das Springen solltest du dich durch dressurmäßiges Abreiten immer ordentlich vorbereiten. Um die Muskeln deines Pferdes aufzuwärmen, bevor es anstrengendere Aufgaben bewältigen soll, reite ca. zehn Minuten ein paar Grundlektionen. Gehe zwei oder drei Minuten Schritt, zuerst am langen Zügel, dann mit aufgenommenen Zügeln im aktiven Mittelschritt. Reite ein paar Bögen und Zirkel, ein paar 90°- und 180°-Hinterhandwendungen (die Vorhand bewegt sich um die Hinterhand), und ein paar Kehrtvolten, um die Hand zu wechseln. Arbeite gleichmäßig auf der rechten und der linken Hand.

Reite weiter im Trab auf der ganzen Bahn und dann in 20-m-Zirkeln. Wechsle die Hand durch die ganze Bahn, und achte darauf, daß du auf dem richtigen Fuß leichttrabst; wenn die äußere Schulter des Pferdes vorgeht, mußt du aufstehen. Reite schön die Ecken aus, indem du das Pferd mit dem inneren Schenkel gut in die Ecken schiebst, und reite akkurate, runde (nicht eiförmige) Zirkel. Nutze halbe Paraden, um dein Pferd im Gleichgewicht zu halten und Energie aufzubauen. Fordere ein paar verlängerte Tritte im Trab, wenn du aus der Ecke heraus die lange Seite herunterkommst. Achte darauf, daß dein Pferd aufmerksam ist und an deinem Schenkel vorwärtsgeht.

Galoppiere auf beiden Händen; gehe etwas aus dem Sattel und galoppiere im leichten Sitz auf jeder Hand ein paarmal um die ganze Bahn. Reite einen einfachen Galoppwechsel, indem du in der Mitte der Bahn zum Schritt durchparierst. Wenn dein Pferd gut arbeitet, aufmerksam ist und ohne Verzögerung auf deine Hilfen reagiert, pariere wieder durch zum Schritt und erlaube ihm, am hingegebenen Zügel zu verschnaufen. Wenn es ordentlich gearbeitet hat, wird es dir die Zügel aus der Hand kauen und den Hals vorwärtsabwärts strecken.

Die beschleunigte Atmung nach dem Galopp sollte sich bald beruhigen, und das Pferd sollte, außer wenn es sehr heiß und feucht ist, nicht schwitzen. Falls es weiterhin schwer atmet oder schwitzt, ist es vielleicht nicht trainiert genug für die Arbeit, die es leisten soll, oder es könnte krank sein. Bevor du weiterreitest, kläre das mit jemandem, der sich auskennt. Eines der ernsten Probleme, die aus zu harter Arbeit für ein untrainiertes Pferd entstehen können, ist eine Krankheit mit dem Namen Kreuzverschlag. Das ist eine Art Krampf, der an der Hinterhand des Pferdes angreift und ausgelöst wird durch giftige Stoffwechselprodukte, die von den untrainierten (und überforderten) Muskeln freigesetzt werden. Das betroffene Pferd hat Schmerzen und weigert sich weiterzugehen. Man sollte in diesem Fall den Pferderücken warmhalten und sofort professionelle Hilfe holen.

Überanstrenge ein untrainiertes Pferd nicht. Die Folgen können sehr schwerwiegend und im schlimmsten Fall sogar tödlich für das Pferd sein.

Was sollte man springen?

Beginne mit einfachen Gymnastiksprüngen. Diese helfen dem Pferd, seinen Körper richtig einzusetzen. Reite im Trab an, aber laß es nach dem Sprung weitergaloppieren. Trabstangen auf der Zirkellinie regen das Pferd dazu an, sich vorwärtsabwärts zu strecken, den Rücken aufzuwölben und die Hinterhand zu aktivieren. Das ist eine gute Übung, die auch der dressurmäßigen Arbeit zugute kommt.

Wenn du Unterricht oder einen erfahrenen Helfer dabei hast, können die Abstände und Hindernisse verändert werden, so daß die Aufgaben wechseln. Welches Hindernis auch vor dir liegt, halte dein Pferd gerade und reite immer gut vorwärts. Um zu sehen, ob du dein Pferd auch auf einem Zirkel *gerade* halten kannst, ist es eine gute Übung, an zwei gegenüberliegende Punkte des Zirkels je ein Hindernis zu stellen. An diese Hindernisse mußt du dein Pferd gerade heranreiten, es aber gleichzeitig auch auf einem gleichmäßigen Zirkel halten. Du wirst die verbesserte Anlehnung an den äußeren Zügel spüren, wenn der innere Schenkel anliegt, um das Pferd außen auf dem Zirkel zu halten.

Nachdem du diese Einzelhindernisse gesprungen bist, kannst du einoder zweimal durch einen Parcours reiten, vielleicht auch jeden Sprung zuerst einzeln nehmen, bevor du alle miteinander verbindest.

Denke an all die dressurmäßigen Lektionen, wenn du deinen Kurs reitest; reite den Parcours wie eine Dressurprüfung mit Hindernissen. Wenn du irgendein Problem beim Springen hast, könnte es sein, daß du dich dressurmäßig nicht ausreichend vorbereitet hast. Also mußt du zu den grundlegenden Übungen zurückkehren.

Die Dauer einer Trainingseinheit

Verbringe nicht länger als zwanzig Minuten mit dem tatsächlichen Springen, und reite nicht zu oft über eine Hindernisreihe; vier- bis sechsmal ist genug, da es für das Pferd sehr anstrengend ist.

Auch für fortgeschrittene Reiter müssen Übungssprünge nicht hoch sein. Das Höchste, was ein Anfänger in Betracht ziehen sollte, sind 90 cm in Höhe und Weite. Erstaunlicherweise braucht der erfahrene Reiter kaum größere Hindernisse. Gymnastiksprünge verbessern die Rittigkeit und Durchlässigkeit des Pferdes. Es erwirbt die körperliche Fähigkeit und den Gehorsam, die es befähigen, größere Hindernisse auf dem Turnierplatz zu überwinden.

Zeit, mit dem Springtraining aufzuhören, ist immer dann, wenn Pferd und Reiter ein paar gute Sprünge gemacht haben. Ein erfahrenes Paar springt vielleicht nur einoder zweimal und geht dann als Belohnung und zur Erholung ins Gelände. Wenn du ohne Unterricht springst, mache dein Pferd nicht zu müde, indem du wieder und wieder über die Hindernisse gehst. Auch

Abkühlen und Abschwitzen
Stell dein Pferd nach dem letzten Sprung nicht einfach in die Box. Es ist genauso wichtig, die Muskeln nach der Arbeit wieder zu lockern, wie sie vor der Arbeit aufzuwärmen. Sonst bekommt das Pferd steife Muskeln und Muskelkater und wird am nächsten Tag nicht arbeiten wollen. Verbringe zehn Minuten mit Schritt und Trab am länger werdenden Zügel, und laß das Pferd seine Nase bis zum Boden strekken, wenn es möchte. Du kannst es zur Abwechslung auch bei einem kurzen Ritt ins Gelände entspannen lassen.

wenn es dir noch soviel Spaß macht, die Beine deines Pferdes werden müde, und ihm wird langweilig – keine gute Voraussetzung. Damit sind Probleme geradezu vorprogrammiert.

Reitanfänger und junge Pferde

Laß dich nicht dazu verleiten, junge Pferde zu reiten, bis du selbst mehr Erfahrung hast. Das ist eine Aufgabe für erfahrene Ausbilder. Du würdest auch nicht erwarten, von jemandem unterrichtet zu werden, der nicht mehr weiß als du selbst. Du würdest nichts lernen, verwirrt werden und aufgeben. Mit den Pferden ist es nicht anders. Ein williges, erfahrenes Pferd andererseits kann für dich ein Lehrer sein, weil es dir Vertrauen und ein gutes Gefühl für das Springen vermittelt.

Wenn du dein eigenes Pferd oder Pony hast, verbringe nicht zuviel Zeit alleine. Nimm mindestens einmal im Monat Unterricht in einer Reitschule bei einem qualifizierten Lehrer/in. Das wird dich davon abhalten, immer wieder dieselben Fehler zu machen, und du gewöhnst dich daran, in einer anderen Umgebung zu springen, was eine wichtige Vorbereitung für das Turnier ist.

Sattelzeug und Ausrüstung

Die meisten Reitpferde, vor allem in einer Reitschule, sind auf einfache Trense gezäumt. Es gibt eine Menge verschiedener Trensengebisse, aber jedes Gebiß, das grundsätzlich aus einem Mundstück und zwei Ringen besteht (manchmal mit Backenstükken), fällt in diese Kategorie. Korrekt geschulte Pferde reagieren auf dieses Trensengebiß, so daß keine andere Zäumung notwendig ist.

So liegt ein Trensengebiß auf Zunge und Laden des Pferdes auf.

Wie wirkt ein Gebiß?

Das Gebiß wirkt, indem es Druck auf die Zunge und die empfindlichen zahnlosen Kieferpartien im Maul, die Laden, ausübt. Das Pferd reagiert auf diesen leichten Druck mit Entspannung des Unterkiefers, und es sucht vorwärts-abwärts eine leichte Anlehnung an das Gebiß und damit an die Reiterhand.

Wenn der Reiter versäumt, ein gehorsames Pferd dadurch zu belohnen, daß er ihm diese Anlehnung er-

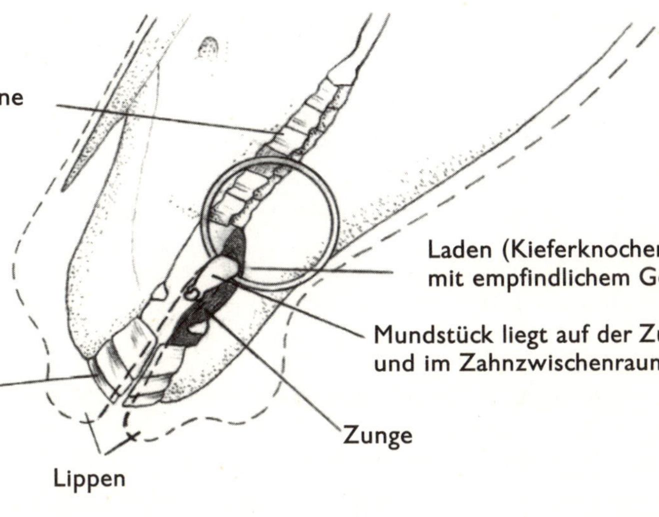

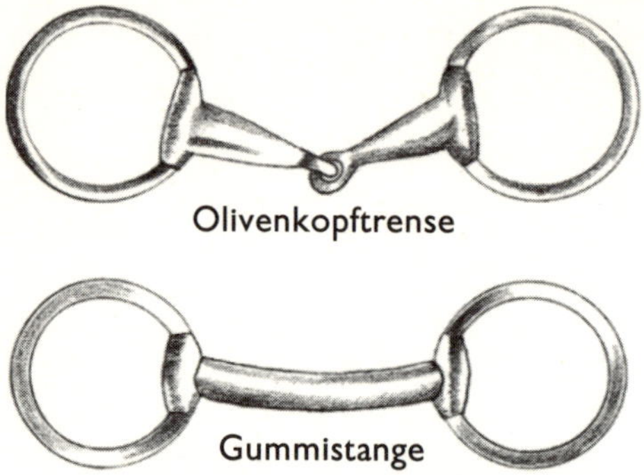

Zwei Trensengebisse – die gebrochene Olivenkopftrense und die einfache Gummistange

möglicht, kann das Pferd nicht an den Hilfen stehen. Die Aufgabe der Reiterhand ist es, ständig so etwas wie eine Melodie mit dem Pferdemaul zu spielen: Nachgeben mit den Zügeln, aber ohne den Kontakt zum Pferdemaul zu verlieren, und dann, zusammen mit der Kombination aus Kreuz, Gewichts- und Schenkelhilfen, kurzfristiges Annehmen des Zügels, um das Pferd im Gleichgewicht und Rhythmus zu halten.

Hände, die hart und tot sind – normalerweise verbunden mit unflexiblen Armen und Handgelenken – können ein Pferdemaul ruinieren. Das passiert am ehesten bei einem jungen Pferd, welches noch wenig geritten und noch nicht im Gleichgewicht ist, und ist einer der Gründe, warum die Ausbildung von jungen Pferden feinfühligen Berufsreitern überlassen bleiben sollte.

Hat ein Pferd das Gebiß erst einmal als schmerzhaft empfunden, wird es versuchen, ihm auszuweichen, vielleicht durch Kopfschlagen oder dadurch, daß es die Zunge über das Gebiß nimmt. Wenn Zunge oder Laden verletzt werden, verliert das Pferd oft auch seine Feinfühligkeit, und die Folge ist ein hartes Maul. Das Pferd geht gegen den Zügel oder legt sich aufs Gebiß. Schmerzen im Maul können auch daran schuld sein, daß das Pferd durchgeht. Ungeduldige Reiter verwenden dann leider oft einfach schärfere Gebisse, statt wieder bei den Grundlagen der Ausbildung anzufangen. Oft wird die Wirkung des schärferen Gebisses noch von allen möglichen anderen Hilfsmitteln verstärkt.

Das Pelham

Das Pelham gibt es in den verschiedensten Ausführungen. Es ist eine Kombination der zwei Gebisse des

Das Pelham (zwei Zügel) und ein verwandtes Gebiß, das Kimblewick, auch Springkandare genannt (ein Zügel)

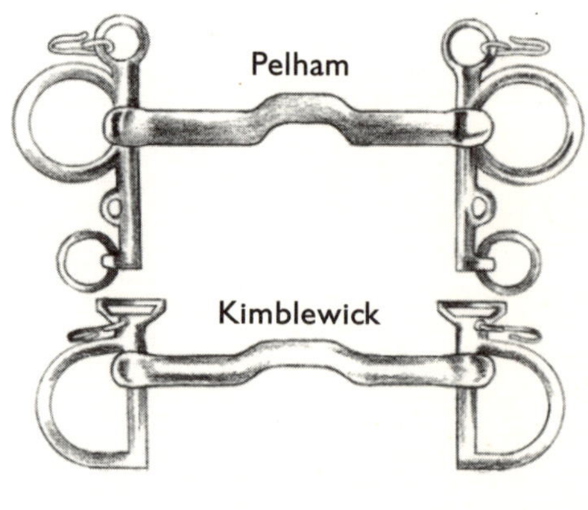

Mexikanisches Reithalfter

Hannoversches Reithalfter

Nasenriemen – links ein Mexikanisches, rechts ein Hannoversches Reithalfter – verhindern, daß das Pferd das Maul aufsperrt und sich dem Gebiß entzieht. Sie dürfen nie so tief verschnallt werden, daß sie auf die Nüstern drücken und die Atmung behindern.

Kandarenzaums und hat im Pferdemaul eher eine Hebelwirkung, nicht die direkte Wirkung wie das Trensengebiß. Diese Hebelwirkung macht Pelhams generell schärfer als Trensengebisse. Ein Pelham oder eine Kandare sollte immer sehr vorsichtig gehandhabt werden. Sie gehören nicht in die Hände eines Anfängers. Falls es Zweifel gibt, sollte man immer fragen. Viele junge Reiter auf kräftigen Pferden benutzen ein einfaches Pelham, oft mit einem Zügel, der an einem Ledersteg zwischen dem oberen und dem unteren Ring befestigt oder einfach nur im unteren Ring eingeschnallt ist. Beide Methoden sind technisch nicht korrekt.

Hilfszügel

Beim Springen sind die Pferde oft zusätzlich mit Hilfszügeln ausgerüstet. Sie sollen verhindern, daß die Pferde den Kopf extrem hoch nehmen und sich damit dem Zügel entziehen, nicht aber dazu benutzt werden, den Pferdekopf in der Tiefe festzubinden.

Den Stoßzügel verschnallt man zwischen Nasenriemen und Sattelgurt. Zusätzlich ist er noch an einem Halsriemen befestigt. Korrekt verschnallt sollte der Stoßzügel bei normaler Kopfhaltung des Pferdes beinahe bis in die Kehlgrube reichen. Wenn der Stoßzügel zum Einsatz kommt, gibt es also keine direkte, möglicherweise schmerzhafte Wirkung auf das Pferdemaul, denn er ist ja nicht im Gebiß, sondern am Nasenriemen befestigt. Der Stoßzügel darf nicht in den Nasenriemen eines Hannoverschen Reithalfters eingeschnallt werden, weil sonst die Atmung des Pferdes beengt werden könnte.

Das Ringmartingal ist an einem Ende am Sattelgurt befestigt, läuft zwischen den Pferdebeinen durch und teilt sich in zwei Riemen, jeder mit einem Ring am Ende, durch den dann die Zügel laufen. Richtig eingeschnallt, sollten sich die Ringe in Höhe des Widerrists befinden, wenn sie gerade hochgezogen werden. Die Zügellinie sollte bei normal anstehendem Zügel nicht gebrochen erscheinen. Zwischen dem Gebiß und dem Ring sollten immer Gummistopper am Zügel angebracht sein. Sie verhindern, daß sich die Ringe im Gebiß oder an der Zügelverschnallung verhaken können.

Weitere Hilfsmittel und Gamaschen

Auf einem Springturnier wird man ohne Zweifel viele Pferde mit allen möglichen Zügeln und Hilfszügeln sehen. Ihr Einsatz ist von der LPO, der Leistungsprüfungsordnung, genau geregelt, aber sie werden oft wahllos und völlig falsch benutzt, zum Beispiel dazu, die Nase des Pferdes auf vollkommen unnatürliche Weise auf die Brust herunterzuziehen. Ohne Reiter würde ein Pferd Hindernisse nie so angehen, und daher sollte es auch unter dem Sattel nicht dazu gezwungen werden.

Jedes Hilfsmittel, welches das Pferd zwingt, seinen Kopf in einer unnatürlichen Haltung zu tragen, ist entweder falsch eingeschnallt oder falsch benutzt. In erfahrenen, feinfühligen Händen können Hilfsmittel wie Schlaufzügel oder Ausbindezügel unter bestimmten Umständen für eine begrenzte Zeit eingesetzt werden. Sie sollten aber nicht von vornherein benutzt werden, und schon gar nicht von Anfängern und ohne Anleitung.

Das Springen ist eine enorme Belastung für die Beine eines Pferdes, und man tut gut daran, diese so gut wie möglich zu schützen. Zumindest vorn sollte man Streifgamaschen anlegen, um zu verhindern, daß das Pferd sich selbst verletzt. Auch Springglocken sollte man benutzen, besonders in tiefem Boden, damit sich das Pferd beim Landen nicht »greift«, das heißt, mit den Hinter-

Oben: Ein bunter Parcours aus professionellen Hindernissen ist für ungeübte Pferde meist sehr aufregend. Wenn man im Training ungewöhnliche und auffällige Hindernisse springt, wird man beim Turnier nicht so schnell eine Überraschung erleben.
Unten: Jeder Turnierteilnehmer träumt insgeheim davon: Zur Siegerehrung einreiten zu dürfen und als Gewinner aufgerufen zu werden.

Folgende Seite: Anstatt seinen Blick fest auf den nächsten Sprung des Parcours zu richten, schaut dieser Reiter nach unten.

PFERDE

222

Ein Zaum ohne Gebiß wird manchmal bei Pferden verwendet, die Probleme im Maul haben. Auch gebißlose Zäumungen wirken aber sehr scharf und müssen mit Vorsicht benutzt werden.

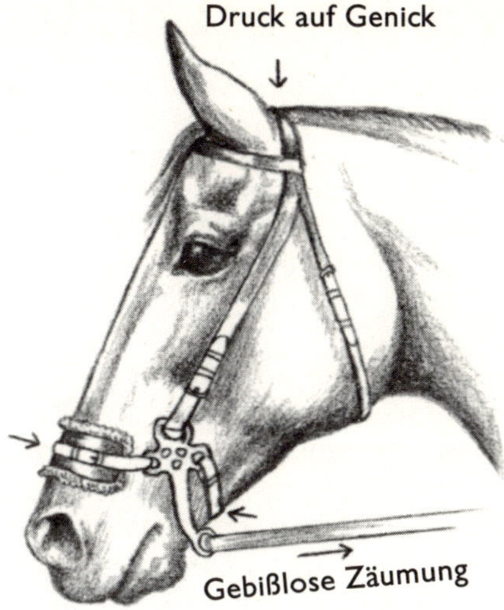

hufen nicht auf die Ballen oder den Kronrand des Vorherhufs tritt (Ballen- oder Kronentritte sind schmerzhaft und heilen langsam). Die Gamaschen sollten immer sauber und geschmeidig gehalten werden, sonst können sie leicht die Pferdebeine wundreiben.

Anpassen und Pflege von Sattel und Zaumzeug

Alles Sattelzeug – Trensen, Gebisse, Sättel – sollte dem Pferd, für das es benutzt wird, richtig passen. In einer Reitschule wurde die Trense vielleicht zuvor für ein anderes Pferd gebraucht, also setze nie voraus, daß sie richtig verschnallt ist für das Pferd, das du gerade aufzäumen möchtest. Halte die Trense seitlich an den Kopf des Pferdes, bevor du es aufzäumst, um zu sehen, ob die Größe ungefähr stimmt. Aufgezäumt sollte das Gebiß dem Pferdemaul ein leichtes »Lächeln« aufsetzen.

Das Zaumzeug sollte am Ende jedes Tages saubergemacht und die Satteldecke regelmäßig gewaschen werden. So kann man nicht nur sicher sein, daß alles in gutem Zustand ist und für das Pferd nicht unangenehm wird, man sieht auch gleich, wenn etwas kaputtgeht und repariert werden muß.

Was tun bei Problemen?

In einer vollkommenen Welt wären wir alle wunderbar feinfühlige Reiter mit perfekt ausgebildeten Pferden, und Probleme könnten gar nicht erst auftauchen. Unglücklicherweise entstehen aber viele Probleme, und es ist die Aufgabe von Ausbildern und erfahrenen Reitern, sich in die Psyche des Pferdes und auch in die des Reitschülers hineinzuversetzen, um die Fehlerquellen zu entdecken.

Der Reiter

Wenn Probleme mit Pferden entstehen, ist in den meisten Fällen der Mensch daran schuld. Die Ausbildung eines Pferdes beginnt mit der Art und Weise, wie es als Fohlen behandelt wird, und dieser Umgang mit dem Fohlen – oder der fehlende Umgang – kann Probleme entstehen lassen, lange bevor die Reitausbildung überhaupt beginnt. In deinem gesamten Umgang mit Pferden suche die Schuld für deine Probleme nie beim Pferd. Pferde lernen aus Erfahrung, und oft braucht es viel Zeit, Geduld und feinfühlige Behandlung, um schlechte Erfahrungen wieder auszulöschen. Deine eigene Ungeduld und fehlendes Verständnis erzeugen vielleicht neue Probleme oder machen alte nur noch schlimmer.

Laß uns einen Blick auf die Probleme werfen, die beim Springen häufiger vorkommen, um herauszufinden, warum das *Pferd* sich so und nicht anders verhält und wie der *Reiter* korrigiert werden könnte.

Verweigern

Es gibt fünf Gründe, warum ein Pferd verweigern könnte: Überforderung von Pferd und/oder Reiter, fehlendes Vertrauen, schlechtes Reiten, Angst vor dem Springen oder eventuellen Schmerzen und Ungezogenheit.

Überfordern kann man ein Pferd, wenn man auf ein Hindernis zureitet, das das Springvermögen von Reiter oder Pferd übersteigt. Wie mutig und ehrgeizig du auch sein magst, du solltest die Höhe und Weite deiner Hindernisse immer so halten, daß du sie mit deinem Pferd gut überwinden kannst.

Während du springen lernst, solltest du immer ein erfahrenes Pferd reiten, aber laß dich nicht vom Können des Pferdes zu großen Sprüngen

Es kann nur Probleme geben, wenn du einen Sprung anreitest, der für dich – oder dein Pferd – zu schwierig ist.

verleiten, sonst wirst du dich überfordern. Jede Nervosität, die in dir steckt, überträgt sich auf das Pferd, und es bleibt womöglich vor dem Sprung stehen. Oder das Pferd nimmt den Sprung, aber du wirst dabei aus dem Sattel geworfen und tust dir weh.

Ein mutiges Pferd wagt sich vielleicht einmal über ein zu großes Hindernis, aber dabei kann es Angst bekommen oder sich weh tun. Die Erinnerung daran kann bewirken, daß es in Zukunft viel zögernder an Sprünge herangeht. Es braucht nur einen Augenblick, um Vertrauen zu zerstören, aber unendlich viel Geduld und Zeit, um es wieder aufzubauen.

Fehlendes Vertrauen ist ein direktes Resultat von Überforderung, die negative Erinnerungen bei Pferd und Reiter wachruft. Der einzige Weg, das Vertrauen zurückzugewinnen, ist, einen totalen Schlußstrich zu ziehen und dann ganz von vorn zu beginnen. Pferd und Reiter sollen alles wieder neu erlernen, erst im Schritt über einzelne Stangen gehen und dann allmählich zu Trabstangen und Hindernisreihen übergehen. Durch langsames und geduldiges Wiederholungstraining muß das Vertrauen wieder gestärkt werden.

Schlechtes Reiten mußt du dir

vorwerfen, wenn du dein Pferd nicht richtig an ein Hindernis heranreitest und es dann vor dem Sprung stehenbleibt. Denke immer daran, daß das Anreiten sehr wichtig ist. Reite in einem sauberen Bogen auf das Hindernis zu, und schau dabei in die Richtung, in die du reiten möchtest. Sitze aufrecht und reite geradeaus vorwärts, im Gleichgewicht und in regelmäßigem Rhythmus. Die Schenkel treiben das Pferd bis zum Absprung gleichmäßig und energisch vorwärts. Wenn deine Schenkel aufhören zu treiben oder du nach vorn fällst und dadurch den treibenden Sitz aufgibst, gibt womöglich auch dein Pferd auf und bleibt einfach stehen.

Wenn es dir nicht gelingt, über dem Sprung in der Bewegung des Pferdes mitzugehen, indem du dich leicht aus der Hüfte vorbeugst und dem Pferd Zügelfreiheit läßt, um Kopf und Hals vorzustrecken, dann wirst du seine Bewegung behindern. Bei der Landung wirst du es außerdem noch zusätzlich im Maul reißen und so dafür sorgen, daß es den Sprung in schlechter Erinnerung behält.

Angst vor dem Springen oder vor Schmerz. Wenn ein Pferd beim Springen ständig Schmerzen hat, wird es bald anfangen zu verweigern. Das können Schmerzen im Pferdemaul sein, verursacht durch eine schlechte Reiterhand, aber es gibt auch andere Gründe. Ein schlecht passender Sattel kann beispielsweise drücken oder reiben und das Springen so unangenehm machen, bis sich das Pferd widersetzt und mit dem Kopf schlägt, sich auf die Hand legt, mit dem Schweif dreht oder den Kopf so hochreißt, daß es außer Kontrolle gerät.

Abgelaufene Hufeisen können ein Pferd ausrutschen lassen, und zu lange Hufe führen zu einer starken Belastung der Vorderbeine, besonders bei der Landung. Das kann Muskelkater zur Folge haben, so daß das Pferd beim nächsten Springtraining steif ist und so allmählich jede Freude am Springen verliert. Im schlimmsten Fall kann es zu einer Überdehnung der Sehnen kommen, die das Pferd für lange Zeit ganz außer Gefecht setzt.

Auch ein mutiges Pferd wird mit der Zeit Angst bekommen und verweigern, wenn es regelmäßig über Sprünge gehen muß, die jenseits seines Trainingsniveaus oder seines Springvermögens liegen. Es kann auch seine Rückenmuskulatur überbeanspruchen, was Schmerzen und bleibende Schäden verursachen kann.

Gestalte die Hindernisse immer einladend, und führe »furchteinflößende« Hindernisse erst langsam ein. Mache keine Übungssprünge, die über 90 cm hoch sind. Sieh zu, daß Absprung- und Landestelle immer auf ebenem und sicherem Boden liegen. Übungsstangen sollten schwer sein und leicht fallen. Dünne Stangen sehen die Pferde nicht sehr gut, so daß sie sich darin verfangen können.

Ungezogenheit kommt gelegentlich vor, wenn unerfahrene oder schwache Reiter einem Pferd Verweigerung aus reiner Frechheit durchgehen lassen; dann muß man

Korrektes, gerades Anreiten

Vorbeilaufen am Hindernis

Meistens verweigert ein Pferd durch Vorbeilaufen, weil es schlecht an den Sprung herangeritten wurde. Gehe jeden Sprung gerade an und versuche nicht, ihn schräg zu springen. Falls das Pferd nicht vorbeiläuft, sondern einen Versuch wagt, kann es den Sprung leicht reißen und dabei erschrecken.

Gestalte alle Sprünge niedrig, weit und einladend, mit einer guten Grundlinie und weiten Fängen, die das Pferd gerade an das Hindernis heranbringen. Du kannst rechts und links an das Hindernis im 90°-Winkel Stangen lehnen und so dem Pferd helfen, auf die Mitte des Hindernisses zuzusteuern. Zwei Stangen, die auf dem Hindernis liegen und ein Dreieck mit der Absprungstange bilden, können auch helfen, das Pferd gerade zu halten.

Vorbeilaufen des Pferdes am Hindernis ist wirklich ein Fehler des Reiters, und wenn man sich auf die Anfänge besinnt, kann man vielleicht durch das Anreiten im gleichmäßigen Trab das Problem lösen.

dem Pferd auch einmal einen spürbaren Klaps mit der Gerte verpassen und auf den Sprung zu kräftig vorwärtsreiten. Bevor du deinem Pferd aber Ungezogenheit vorwirfst, solltest du deinen erfahrenen Reitlehrer um Rat fragen. Vielleicht gibt es doch auch andere Gründe für das Verweigern.

Stürmen

Manchmal rast ein Pferd aus Aufregung oder wegen unzureichender Ausbildung auf Hindernisse zu, und das kann das Vertrauen zerstören. Es kann aber auch stürmen, weil es Schmerzen durch einen schlecht sitzenden Sattel oder ein falsches Gebiß fürchtet.

Pferde, die sich beim Springen sehr aufregen, sollten sorgfältig gelöst, entspannt geritten und nicht zuviel gesprungen werden. Einzelsprünge können allmählich als Erweiterung der dressurmäßigen Arbeit dazukommen, bis das Pferd lernt, ein Hindernis ruhig und kontrolliert anzugehen. Hierbei ist es hilfreich, einen Zirkel vor dem Hindernis zu reiten und den Sprung einfach zu integrieren, sobald das Pferd ruhig geworden ist. Danach stellt man das Pferd wieder sicher an die Hilfen und beruhigt es vor dem nächsten Springversuch.

Wenn das Pferd nicht ausreichend ausgebildet ist, geht man am besten wieder zu den Anfängen zurück und erlaubt ihm nicht, vor dem Sprung anzugaloppieren. Wahrscheinlich ist es auch hilfreich, mehr Wert auf dressurmäßiges Reiten zu legen. Probleme, wie das Davonstürmen nach dem Sprung oder beim Landen Aus-dem-Gleichgewicht-Kommen haben ähnliche Ursachen. In diesem Fall mußt du nach dem Sprung sofort wieder tief einsitzen und dein Pferd ins Gleichgewicht bringen. Dein Ausbilder kann vielleicht ein oder zwei Galoppsprünge nach dem Hindernis eine Stange plazieren, um dich beim Aufnehmen und Geraderichten des Pferdes zu unterstützen.

Das Verweigern in Kombinationen

Dies ist normalerweise eher ein Problem des Reiters. Wenn du dein Pferd bei der Landung nach dem ersten Sprung völlig auseinanderfallen läßt, kannst du nicht erwarten, daß es den nächsten Sprung bewältigt. Oft fehlt Anfängern das Vertrauen bei dieser Art von Hindernissen, und sie reiten das Pferd nicht genügend vorwärts. Du mußt aufrecht sitzen, geradeaus schauen, das Pferd gerade halten und jeden Zentimeter der Strecke bewußt und konzentriert reiten.

Pferde brauchen viel Schwung, um über Kombinationen zu springen, und du solltest diesen Schwung durch die ganze Kombination beibehalten. Die Gymnastiksprünge sind die beste Vorbereitung für Kombinationen, und du solltest hier Vertrauen gewinnen, bevor du Kombinationen angehst. Reite immer mit positiver Einstellung.

Ein zu früher oder zu später Absprung

Es kommt häufig vor, daß Pferde zu früh oder zu spät abspringen. Ein Pferd, dem es an Gleichgewicht fehlt oder das es kaum erwarten kann, zu springen, wird gern zu früh und zu weit vor dem Hindernis abspringen. Es wird dazu neigen, flach und mit weggedrücktem Rücken über den Sprung zu gehen und so keine ausreichende Höhe erreichen, oder es wird eine Stange abwerfen, weil es nach dem frühen Absprung nicht weit genug springen kann, so daß die Hinterbeine zu früh wieder herunterkommen. Auch hier ist die Antwort: zurück zu den Anfängen.

Nimm die Sprünge lieber aus dem Trab als aus dem Galopp, und nutze Absprungstangen, um das Pferd korrekt an den Absprung heranzubringen. Hindernisreihen und niedrige, aber tiefe Karree-Oxer helfen dem Pferd, seine Vorderbeine anzuziehen und den Rücken aufzuwölben. Streckt es Kopf und Hals tatsächlich nach vorwärts-abwärts, wie es sich gehört, mußt du mit den Händen vorgehen, um es nicht im Maul zu reißen oder zu behindern.

Wenn ein Pferd immer zu nah an ein Hindernis herangeht, kann es ihm an Springvermögen oder an Vertrauen fehlen. Ansteigende Hindernisse oder eine Absprungstange verhelfen zu einem besseren Absprung. Dein Ausbilder kann allmählich die Abstände zwischen den niedrigen Sprüngen und Kombinationen vergrößern, um das Pferd zu einem längeren Galoppsprung anzuhalten.

Pferde verstehen

Herauszufinden, warum Pferde so und nicht anders reagieren, ist eine Lebensaufgabe. Wenn man sich aber stets um Verständnis bemüht und seinen gesunden Menschenverstand benutzt, kann man nicht weit fehlgehen. Versuche, die Zeichen, die dir dein Pferd gibt, zu verstehen und entsprechend zu reagieren. Mach dir zum Beispiel nichts daraus und strafe es vor allem nicht, wenn es nach ein paar Sprüngen quietscht und buckelt – es will dir nur zeigen, daß es Spaß am Leben hat.

Springen im Gelände

Ausgeritten bist du wahrscheinlich schon ganz zu Beginn deiner Reiterkarriere. Die meisten Reitschulen verbinden Unterrichtsstunden auf dem Platz oder in der Halle mit Ausritten. Schon bei diesen ersten Ausritten kann man viel lernen über das Reiten in verschiedenartigem Gelände und auf unterschiedlichem Boden. Man lernt seinen Sitz je nach Situation zu verändern und dadurch immer im Gleichgewicht zu bleiben, auf sein Pferd zu achten und sich rücksichtsvoll zu verhalten.

Reiten im Gelände

Bei jedem Ritt ins Gelände, sogar beim gemütlichsten Ausritt, mußt du immer folgendes berücksichtigen: die Kondition deines Pferdes, deine Erfahrung, das Gelände, die Bodenbeschaffenheit und deine Mitmenschen, denen du draußen begegnest.

Die Kondition deines Pferdes

Dein Pferd sollte für die Arbeit, die man ihm abverlangt, immer in guter Kondition sein. Ob es in der Box oder im Offenstall gehalten wird, es sollte so gefüttert werden, daß die Menge der Arbeit entspricht, die es leisten muß. Regelmäßige Arbeit verhindert, daß das Pferd übermäßig schwitzt oder die Atmung sich nur langsam beruhigt, wenn man von einer schnellen in eine langsamere Gangart überwechselt. Ein Schulpferd hat meist ausreichend Bewegung, um fit zu bleiben, aber ein Privatpferd, das vielleicht nur einmal in der Woche geritten wird und sonst auf die Koppel geht, braucht unter Umständen anderes, langsameres Training. Wenn du dir nicht im klaren bist über die Kondition eines Pferdes, oder wenn du Tips brauchst, um es zu trainieren, solltest du jemanden fragen, der sich wirklich auskennt.

Dein Erfahrungsstand

Reite nie mit einem Pferd ins Gelände, dem du nicht gewachsen bist. Pferde regen sich viel leichter auf, wenn sie erst einmal außerhalb der Reitschule und der gewohnten Anlage sind. Du mußt dir sicher sein, daß du mit einem bestimmten Pferd auch draußen fertig wirst. Es ist immer eine Versuchung, verschiedene Pferde auszuprobieren, aber sinnvoller ist es, bei einem zu bleiben, das man kennt. In jeder Reitschule sollte jemand darauf achten, daß sich niemand übernimmt.

Das Gelände

Der Reitstil muß immer an das jeweilige Gelände angepaßt werden. Die Faustregel lautet, im Gleichgewicht mit dem Pferd zu bleiben und dabei so sicher wie möglich im Sattel zu sitzen. Beim Bergaufreiten mußt du das Gewicht nach vorne, auf die Knie und Oberschenkel verlagern und dem Pferd erlauben, sich am langen Zügel, mit leichter Anlehnung auszubalancieren. Dadurch, daß du dein Gesäß aus dem Sattel nimmst und so den Pferderücken entlastest, ermöglichst du dem Pferd, die Hinterhand einzusetzen, um sich energisch nach vorn abzudrücken und weit unterzutreten. Wenn du bergab reitest, muß das Gewicht etwas hinter die Senkrechte verlagert werden, um zu verhindern, daß dein Pferd das Gleichgewicht verliert und zu schnell wird. Dasselbe gilt auch, wenn man über einen Tiefsprung reitet, wo die Landeseite also tiefer liegt als der Absprung. Wenn das Pferd sich hangabwärts bewegt, kann es bei der Landung leicht stolpern oder in den Vorderbeinen einknicken, aber wenn du leicht zurückgelehnt sitzt, kannst du ihm helfen, wieder hochzukommen, und kommst selbst auch nicht so leicht aus dem Sattel.

Die Bodenbeschaffenheit

Sowohl tiefer als auch harter Boden im Gelände erfordern eine entsprechend angepaßte Reitweise. Zu schnelles Reiten ist auf dem einen wie dem anderen Untergrund eine extreme Belastung für die Beine des Pferdes. Wenn du dein Pferd aber lahm reitest, hast du gar nichts mehr zum Reiten – ein bißchen Rücksichtnahme zahlt sich also auch für dich aus. Noch größer wird die Belastung für das Pferd, wenn du auf tiefem oder hartem Boden springst. Deswegen solltest du die Sprünge sehr vorsichtig angehen. Falls du Zweifel hast, ist es auf jeden Fall besser, nicht zu springen, wenn die Voraussetzungen nicht gut sind. Manche Leute schrauben bei hartem Boden Stollen in die Hufeisen, weil sie glauben, daß das Pferd dann einen besseren Halt hat. Tatsächlich dringt bei sehr hartem Boden der Stift aber gar nicht in den Untergrund ein, und die ungewohnte Stellung des Hufs bringt das Pferd nur aus dem Gleichgewicht und macht die Anstrengung noch größer. Stollen sollte man nur auf den Rat eines Fachmanns hin anbringen.

Auf steinigem oder felsigem Untergrund reitet man grundsätzlich sehr vorsichtig. Das Pferd könnte stolpern oder abrutschen und so sich und den Reiter verletzen. Zu schnelles Reiten auf steinigem Boden kann auch kleine Verletzungen durch fliegende Steine zur Folge haben.

Wenn du Wasserstellen durchreitest, sieh zu, daß du immer an einer einladenden, hellen Stelle ins Wasser hineinreitest. Meide Uferstellen mit Bäumen, wo dein Pferd vielleicht von der Sonne in den Schatten gehen muß. Seine Augen gewöhnen sich nur langsam an veränderte Lichtverhältnisse, so daß es einen Augenblick schlecht sieht. Wenn du durch einen Bach reitest, sei vorsichtig und schaue, ob das Bachbett auch trittsicher ist und nicht zu rutschig, steinig oder uneben.

Mitmenschen im Gelände

Nimm bei jedem Geländeritt Rücksicht und sei höflich gegenüber anderen Naturfreunden. Reite nicht ohne Erlaubnis über Felder, und bleibe auf den Wegen, wenn du an Bauernhöfen vorbeireitest. Reite langsam an Spaziergängern vorbei und achte auf motorisierte Mitmenschen. Reite nicht auf schmalen Fußwegen, und wenn es naß und schlammig ist, dann überlege, ob du die Reitwege benutzen kannst oder nicht.

Geländesprünge

Wenn du bewiesen hast, daß du ein Pferd im Gelände gut in der Hand hast und vielleicht auch ein paar Sprünge in der Reitschule absolviert hast, sind Naturhindernisse eine gute Trainingsmöglichkeit. Umgefallene Bäume, Äste, Wälle und Gräben geben dir eine Gelegenheit zum Springen. Wenn du ohne Begleitung reitest, dann versuche nichts, wobei du dir nicht ganz sicher bist, und springe nicht höher als 60–75 cm. Vergewissere dich, daß Absprung- und Landestelle in Ordnung sind und du nach dem Sprung gut weiterreiten kannst. Keine gute Idee ist es, über Hindernisse zu reiten, die eng von Bäumen umstanden sind; im Eifer des Springens kannst du nur allzu leicht mit einem Stamm in Berührung kommen und abgestreift werden oder dir zumindest das Knie verletzen.

Wenn du ins Wasser hineinspringen willst, reite nicht zu schnell darauf zu. Das Wasser sollte nicht mehr

Der Sitz des Reiters im Gelände

Beim Springen im Gelände mußt du deinen Sitz den dortigen Verhältnissen angleichen. Sieh die Vielseitigkeitsreiter an und vergleiche deren Stil mit dem Stil eines Springreiters im Parcours.

Du wirst sehen, daß sie ihren Oberkörper nur beim Absprung vorne haben. Die Position über dem Sprung ist eher gerade, und auch bei der Landung hält der Reiter sich gerade, um das Pferd auszubalancieren. Das Gesäß des Reiters bleibt im Sattel, so daß er stets Hilfen geben und im Gleichgewicht mit dem Pferd bleiben kann. Besonders bei der Landung nach einem Wall oder Tiefsprung muß der Reiter die Zügel sofort aufnehmen und weiterreiten können.

als 30 cm tief und die Landestelle im Wasser nicht rutschig oder schlammig sein. Der Wasserwiderstand an den Beinen wird das Pferd auf jeden Fall bremsen, und durch Schlamm wird dieser Effekt noch zusätzlich verstärkt. Bei der Landung solltest du dich deswegen leicht zurücklehnen und dem Pferd dadurch helfen, dieses »Bremsen« auszugleichen.

Das Trainieren von Geländesprüngen

Eine gute Möglichkeit, wertvolle Erfahrungen mit Geländesprüngen zu sammeln, sind immer noch Reitjagden. Die Organisatoren solch einer Jagd sind verantwortlich für den Aufbau und die Instandhaltung der Jagdsprünge, so daß das Jagdfeld sicher über Hecken, Gräben und auch künstlich aus Stangen oder Strohballen konstruierte Hindernisse kommt. Hindernisarten, die man am ehesten bei Jagden oder ähnlichen Veranstaltungen antrifft, sind beispielsweise ein Schafpferch, überbaute Gräben, Gatter oder mit frischem Grün ausgesteckte kleine Oxer. Die Pferde und Ponys regen sich bei einer Jagd immer viel mehr auf als sonst und springen dann viel flüssiger als in ihrer normalen Umgebung, weil sie weniger Zeit haben, über furchtein-

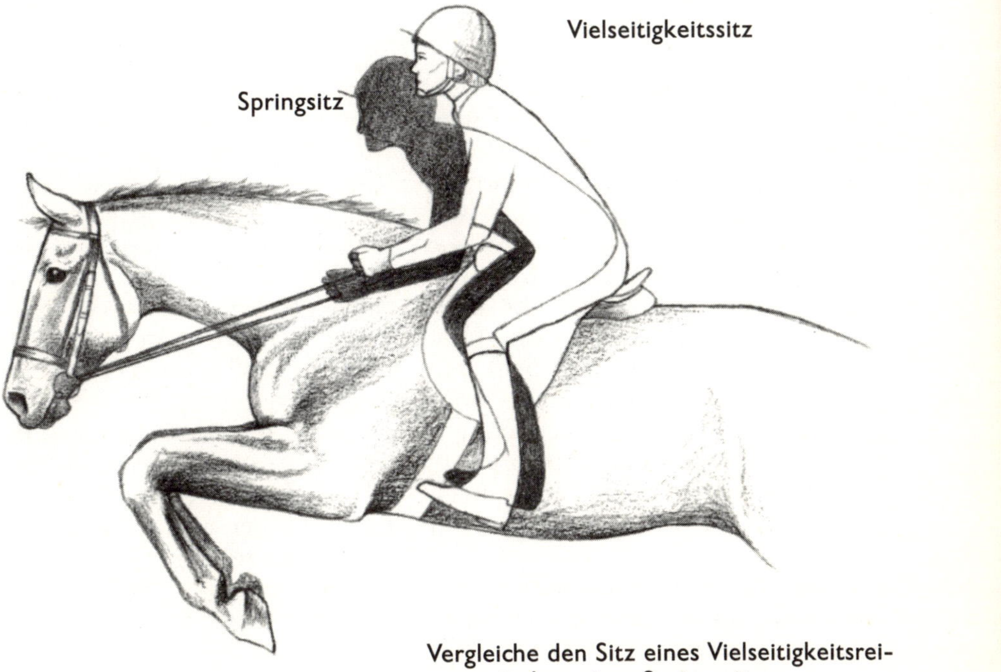

Vergleiche den Sitz eines Vielseitigkeitsreiters mit dem eines Springreiters.

flößende Hindernisse oder Unebenheiten im Boden nachzudenken. Durch eine Jagd kann ein Pferd viel Freude am Springen bekommen, was sich dann auch bei Wettkämpfen im Parcours oder im Gelände positiv auswirkt.

Du solltest sicher sein, auf dem passenden Pferd für eine Jagd zu sitzen, denn drei oder vier Stunden auf einem zu schwierigen Pferd können dir schnell den Tag verderben und dein Vertrauen zum Springen zerstören.

Auf dem Kontinent gibt es nur noch wenige Jagden hinter einer echten Meute, und auch die werden nicht auf lebendes Wild geritten, sondern die Hunde folgen einer künstlich gelegten Fährte. Meist aber reitet ein erfahrener Reiter auf einem sicher springenden Pferd als »Fuchs« auf vorher bestimmter Strecke vorweg, gefolgt vom Jagdfeld unter Führung des Masters, an dem man während der ganzen Jagd nicht vorbeireiten darf. Ein guter Jagdreiter hat sein Pferd so in der Hand, daß er auf dem einmal eingenommenen Platz im Feld bleibt, seine Mitreiter nicht überholt oder gar vor dem Sprung »schneidet« und jedes Hindernis flüssig springt. Bei manchen Jagden gibt es auch ein »nicht springendes Feld« für solche Teilnehmer, die zwar die besondere Atmosphäre einer Jagd schätzen, aus irgendwelchen Gründen aber nicht springen wollen.

Eine etwas weniger aufregende Einführung in das Springen im Gelände ist vielleicht eine kleine Prüfung, bei der man paarweise, das heißt, mit einem Freund zusammen, starten kann. Das gibt etwas mehr Zutrauen, und bei solchen Hindernissen, bei denen du dir nicht ganz sicher bist, kannst du dich von deinem erfahrenen Partner »ziehen« lassen. Solange man das Springen noch lernt, tut man sich leichter, eine positive Einstellung zu entwickeln, wenn man ein Pferd reitet, das gut vorwärtsgeht, als wenn man auf einem sitzt, das bei jedem Hindernis zögert und womöglich stehenbleibt.

Wie reitet man über Geländehindernisse?

Mit steigender Erfahrung wirst du dich über immer schwierigere Hindernisse wagen. Die Regeln für das Springen im Gelände bleiben allerdings die gleichen. Man sollte alle Hindernisse im Gelände ernstnehmen, auch wenn sie einem noch so klein oder einfach erscheinen. Die meisten sind feste Hindernisse, können also nicht umgerissen oder abgeworfen werden, und falls das Pferd hängenbleibt, wird es zumindest einen »blauen Fleck« davontragen und im schlimmsten Fall stürzen – und du mit ihm. Bei deinem ersten Hindernisritt im Gelände solltest du auf einem sicheren, erfahrenen Pferd sitzen, das auf dich aufpaßt und dir keinen Ärger bereitet. Dann wirst du Vertrauen zu dieser Art von Hindernissen gewinnen, und das ist eine Voraussetzung für das Springen im Gelände.

Geländehindernisse

Alle Geländesprünge erfordern beherztes, korrektes Reiten, aber bei manchen muß man noch mehr treiben als sonst und darf beim Anreiten keinen Augenblick zögern. Die Haupthindernisarten, die dann von den Parcoursbauern auf verschiedene Weisen ausgeschmückt werden, sind: Gräben und Wassergräben, Steilsprünge, Hoch-Weitsprünge, Wälle, Treppen- und Tiefsprünge, Wasser, Kombinationen, V-Sprünge und »Pulvermanns Grab«.

Trockene Gräben und Wassergräben

Gräben können das Pferd dazu verleiten, zweimal hinzuschauen, bevor es springt, aber du mußt ihm beibringen zu springen, ohne hinzuschauen. Die erste Regel für den Reiter ist: Laß dich nicht dazu verleiten, selbst zu schauen! Schau geradeaus und vergiß den Graben. Manchmal sind Gräben mit einer einzelnen Stange (Trakehner-Graben) oder dachförmig mit mehreren Stangen überbaut. Diese Sprünge muß man besonders beherzt anreiten, oft aber jagen sie dem Reiter mehr Angst ein als dem Pferd!

Steilsprünge

Diese Hindernisse stellen Reiter und Pferd normalerweise vor keine besonderen Probleme, es sei denn, die Grundlinie ist schlecht erkennbar, und das Pferd kommt zu dicht an das Hindernis heran. Wenn das Hindernis nach einer Galoppstrecke bergauf kommt, solltest du das Tempo zurücknehmen zu einem verkürzten, federnden Galopp, damit das Pferd die Hinterhand unter den Körper bringt und sich kraftvoll abdrücken kann. Auch wenn du bergab auf einen

Wasser
Wasser sollte man gleichmäßig, aber zügig anreiten, um den Widerstand des Wassers bei der Landung auszugleichen. Ein Wassergraben sollte im Galopp angeritten werden, wenn das Pferd willig darüberspringt.

Steilsprung zureitest, solltest du die Zügel aufnehmen und das Pferd ins Gleichgewicht bringen, damit es vor dem Absprung zurück auf die Hinterhand kommt.

Wälle

Diese werden manchmal als Begrenzung von Wegen, Bächen oder Feldern gebaut, und manche Pferde landen oben gerne kurz mit den Hinterbeinen, um sich dann wieder abzustoßen. Reite einen Wall immer gerade und energisch an, damit das Pferd entweder flüssig springt oder – falls es oben aufsetzt – nicht vor dem Absprung zögert und womöglich abrutscht.

Treppen- und Tiefsprünge

Wenn du Treppen hinaufreitest, mußt du dafür sorgen, daß dein Pferd alle Stufen im Galopp hinaufspringt, was große Kraftreserven erfordert. Treppen abwärts oder Tiefsprünge werden am besten in einem gleichmäßigen Trab angeritten. Lehne dich leicht zurück, damit das Pferd bei der Landung nicht auf die Nase fällt und damit du sofort in der Lage bist, es wieder aufzunehmen und vorwärtszureiten.

Kombinationen

Wie bei den Kombinationen im Parcours umfassen auch Kombinationen im Gelände zwei oder drei Einzelelemente mit einer unterschiedlichen Anzahl von Galoppsprüngen dazwischen. Für Anfänger sind die Kombinationen in einer geraden Linie aufgebaut, und die Abstände sollten für die meisten Pferde leicht zu meistern sein. Du solltest dich hier an die Hindernisreihen erinnern und auf einen Fixpunkt hinter dem letzten Element zu reiten. Treibe dein Pferd ständig vorwärts und halte es gerade und sicher an den Hilfen. Wenn du mehr Erfahrung hast, kannst du versuchen, einen V-Sprung über Eck zu springen. Dies erfordert sehr genaues Springen, damit man einerseits nicht zu nah an die kleine Fahne an der Spitze herankommt und ein Vorbeilaufen des Pferdes riskiert, andererseits aber auch nicht zu weit auf die Seite, so daß der Sprung für das Pferd zu weit wird.

Hoch-Weitsprünge
Einen Hoch-Weitsprung muß man im Gleichgewicht und sozusagen mit geballter Kraft, aber nicht zu langsam anreiten. Das Pferd darf nicht zu früh abspringen (das würde den Sprung noch weiter machen), aber auch nicht zu dicht herankommen (das Pferd könnte die erste Stange abwerfen). Das Pferd muß genug Freiheit haben, um Hals und Kopf über dem Sprung zu strekken.

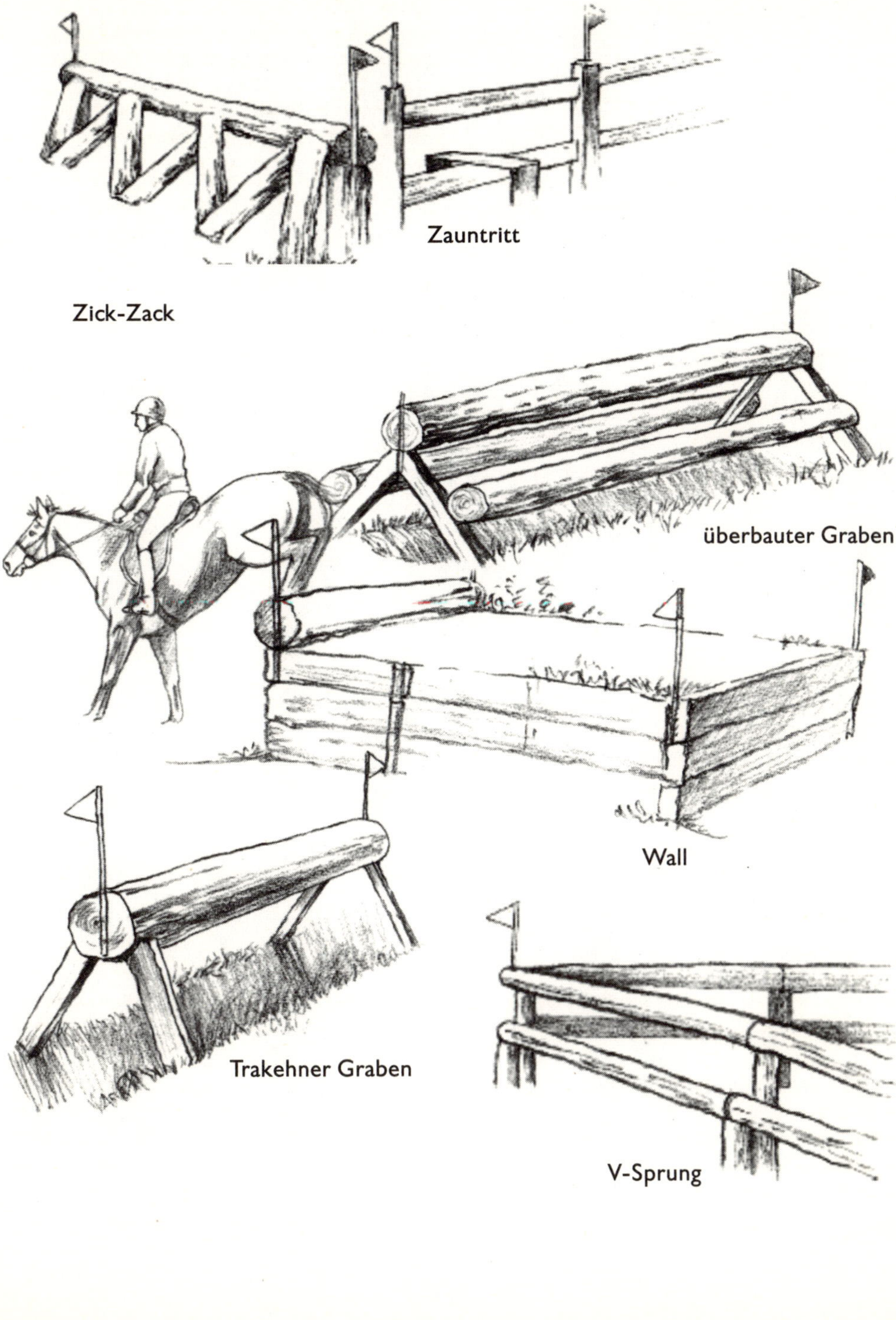
Zauntritt
Zick-Zack
überbauter Graben
Wall
Trakehner Graben
V-Sprung

Pulvermanns Grab

Mit diesem Sprung wirst du erst konfrontiert, wenn du schon viel mehr Erfahrung hast. Pulvermanns Grab ist normalerweise ein Graben in der Mitte einer Bodenvertiefung, in die man über einen Steilsprung hinein- und über einen weiteren Steilsprung wieder hinausspringt, also: kleiner Tiefsprung, ein bis zwei Galoppsprünge abwärts bis zum Graben, ein bis zwei Galoppsprünge aufwärts, Steilsprung. Dieses Hindernis wurde erstmals für das Hamburger Springderby gebaut. Der Parcourschef und Erfinder hieß Pulvermann, und er war der erste, der beim probeweisen Durchreiten dieser Hinderniskombination aus dem Sattel kam und zu Boden ging – daher der Name! Das Pferd muß ruhig und im Gleichgewicht bleiben, und der Reiter sollte erfahren und geschmeidig genug sein, um jederzeit in der Bewegung des Pferdes mitzugehen.

Oben: Bei Fuchsjagden kommt es häufig vor, daß zwei Pferde aus einem Feld gleichzeitig einen Sprung überwinden.
Unten: Wer bei einer Jagd im Springfeld mitreiten möchte, muß sehr erfahren sein, denn das Galoppieren und Springen in der Gruppe regt viele Pferde sehr auf.

Folgende Seite: Scheinbar mühelos überwindet dieses Paar das Hindernis. Das Springen im Gelände erfordert eine gute Kondition von Pferd und Reiter, denn neben den Hindernissen müssen oft weite Distanzen zurückgelegt werden.

Auf dem Turnier

Wettkämpfe sind sehr aufregend, und vor deinem allerersten Turnier wirst du schreckliches Lampenfieber haben. Das ist normal und gehört dazu. Gewissenhafte Planung und Vorbereitung und das Wissen um die Fähigkeiten und Grenzen deines Pferdes und deiner selbst sind der Schlüssel zu einem schönen Anfang.

Vorbereitungen für das erste Springturnier

Falls du mit einem Schulpferd auf das Turnier gehst, wird es an andere Pferde gewöhnt sein, möglicherweise aber nicht an fremde Pferde und eine fremde Umgebung. Dein eigenes Pferd ist es vielleicht gar nicht gewohnt, so viele andere Pferde zu sehen, und könnte so aufgeregt sein, daß es die ganzen Stunden der Vorbereitung und des Trainings zu Hause vergißt. Wenn du die Möglichkeit dazu hast, dann nimm dein Pferd vor dem ersten Wettkampf einfach zu ein oder zwei Veranstaltungen mit, damit es sich an die Turnieratmosphäre gewöhnen kann.

Auf welchem Leistungsniveau du dich auch befindest, du wirst immer noch weiterlernen müssen, und du solltest nicht die wichtige dressurmäßige Arbeit vernachlässigen. Ein Parcours muß flüssig geritten werden,

Der Turniertag

Wenn du den Turniertag planst, dann rechne von deiner ersten Startzeit rückwärts. Überlege dabei folgendes:

Wie lange brauche ich zum Abreiten und für eine Nullrunde?

Wie lange brauche ich zum Ausladen und Herrichten des Pferdes?

Wie lange dauert es, bis ich die Meldestelle, Toilette etc. gefunden habe?

Wie lange dauert die Fahrt?

Wie lange brauche ich, um mein Pferd zu verladen?

Wie lange dauert das Putzen, Einflechten und das Fertigmachen für den Transport?

Wie lange brauche ich morgens zum Füttern des Pferdes und für mein eigenes Frühstück?

Wenn du dir das alles überlegt hast, wirst du wissen, wann du dir den Wecker stellen mußt.

nicht nach der Hauruck-Manier, und das ist nur mit dem richtigen Training zu erreichen. Das Springtraining zu Hause sollte aus Gymnastiksprüngen bestehen, von denen keiner über 90 cm hoch sein sollte. Das Trainieren von Mächtigkeitssprüngen wird dich nicht zu einem guten Springreiter machen.

Die Anmeldung (Nennung)

Bei informellen Clubturnieren braucht man sich nicht schriftlich anzumelden, aber alle Prüfungen nach der LPO (Leistungsprüfungsordnung) müssen vom Veranstalter öffentlich ausgeschrieben und von der jeweiligen Landeskommission genehmigt werden. Die Teilnehmer müssen innerhalb einer gewissen Frist – bis zum Nennungsschluß – ihre Nennung abgeben und je nach Art und Anzahl der Prüfungen Nenngeld bezahlen. Die LPO wird von der Deutschen Reiterlichen Vereinigung (FN = Fédération Nationale) herausgegeben und immer wieder überarbeitet. Wenn du an Turnieren teilnehmen willst, mußt du darauf achten, immer die jeweils letzte und verbindliche Ausgabe in der Hand zu haben.

Frage deinen Reitlehrer um Rat, und sei nicht zu ehrgeizig bei deinem ersten Turnier. Zwei Starts sollten auf jeden Fall genug sein. Überfordere weder dich noch dein Pferd; starte lieber in Prüfungen, bei denen du das Gefühl hast, du kannst sie leicht reiten, als in solchen, bei denen du dich stark gefordert fühlst. Nichts stärkt das Selbstvertrauen von Reiter und Pferd mehr als ein paar Nullfehlerrunden in den ersten Parcours!

Die letzten Vorbereitungen

Eine Menge Dinge kann man bereits am Tag vor dem Turnier erledigen. Das ganze Sattelzeug sollte geputzt sein und zusammen mit Abschwitzdecke, Tagesdecke, Eimern, Wasser und Heu für Hin- und Rückfahrt und vielleicht etwas Kraftfutter, wenn du länger vom eigenen Stall weg bist, bereitliegen. Deine gesamte Kleidung – Jackett, Hemd, Krawatte, Hose, saubere Stiefel und die Reitkappe – kann schon ins Auto geladen werden. Es ist am besten, alte Sachen anzuziehen, bis du auf dem Turnier bist, und dich dort erst umzuziehen. Nimm Proviant mit, wenn du meinst, du kannst trotz der Aufregung etwas essen.

Vergiß am Morgen des Turniers nicht, deinen Putzkasten mitzunehmen, nachdem du dein Pferd fertiggemacht hast. Nicht alle Reiter flechten bei kleinen Turnieren die Mähne ein, aber es zeigt, daß du keine Zeit und Mühe gescheut hast, dein Pferd turniermäßig herauszuputzen.

Auf dem Turnier

Berechne die Zeit vor dem Start so großzügig, daß nicht einmal eine Reifenpanne dich in Verlegenheit bringen könnte. Wenn das Pferd nicht gerade vor lauter Nervosität den Hänger zertrümmert, kannst du es notfalls im Hänger lassen, bis du deine Startnummer abgeholt und herausgefunden hast, wo und wann du starten mußt. Laß das Pferd auf keinen Fall angebunden und unbewacht am Hänger stehen! Selbst im Hänger könnte es, alleingelassen, Probleme verursachen. Am besten ist es deswegen, auszuladen und ein Elternteil oder einen Freund zu bitten, das Pferd ruhig zu führen.

Wenn du zurückkommst, mache zuerst dich selbst und dann das Pferd fertig, und geh die Sache ruhig an. Überprüfe Steigbügelriemen und Sattelgurt, klopfe dem Pferd liebevoll den Hals, und mach dich auf den Weg zum Abreiteplatz. Wenn das Pferd durch die anderen galoppierenden und springenden Pferde irritiert ist, such dir erst eine etwas ruhigere Ecke, und nähere dich dann allmählich den anderen.

Es gibt keine feste Regel, wie lange man vor dem Start abreiten sollte, denn das hängt vom Pferd ab, und du solltest dein Pferd am besten kennen. Denke an die dressurmäßige Arbeit, und wenn du springen möchtest, dann sind zwei oder drei Sprünge über einen kleinen Oxer oder einen Steilsprung, wie sie für den Abreiteplatz vorgeschrieben sind, genug. Wenn der Parcours fertig gebaut ist, dürfen die Teilnehmer ihn abgehen. Wenn du dann mit dem Abreiten schon angefangen hast, brauchst du jemanden, der dein Pferd solange führt oder im Schritt herumreitet, damit die Muskeln nicht wieder auskühlen.

Das Abgehen des Parcours

Belaste dich auf den ersten paar Turnieren nicht mit zu vielen technischen Einzelheiten. Der Parcours wird so gebaut sein, daß ein normal großes Pferd ihn gut durchgaloppieren kann. Mach dir also keine Sorgen wegen der Galoppsprünge zwischen den Hindernissen. Versuche im Training zu Hause oder – falls du Zeit dazu hast – bei den Probesprüngen auf dem Abreiteplatz die Galoppsprünge zu zählen, die dein Pferd auf ein Hindernis zu oder zwischen den Elementen einer Kombination macht, aber bemühe dich nicht, dem Pferd den Galoppsprung einzuteilen. Das Wichtigste beim Abgehen des Parcours ist, daß du dir den Weg zurechtlegst, den du reiten willst – wo du abwenden mußt, um die Hindernisse gerade und mit ausbalanciertem Pferd anzureiten. Konzentriere dich später nur darauf, dein Pferd vorwärts und gerade auf dem geplanten Kurs zu halten. Hier wird sich deine dressurmäßige Arbeit auszahlen.

Denke daran, daß du am Ausgang und am Abreiteplatz vorbei stärker treiben mußt, weil dein Pferd vielleicht in diese Richtung drängt. Du könntest dich darauf vorbereiten, indem du die Gerte auf dieser Seite trägst, um deine Schenkelhilfen zu verstärken. Wenn du in einer Halle reitest, denke an die kürzeren Abstände und die engeren Wendungen als bei Turnieren im Freien. Beobachte vielleicht auch ein paar gute Reiter, um zu sehen, wie sie den Parcours meistern. Bleibe in der Nähe, wenn dein Start naht, so daß du die Veranstaltung nicht aufhältst und bereit bist einzureiten, wenn du aufgerufen wirst.

Es gibt vier Fehlerpunkte für jeden Abwurf, außerdem drei für die 1. und sechs für die 2. Verweigerung; die dritte hat die Disqualifizierung zur Folge. Wenn du so gut reitest, daß du ohne Fehler durchkommst, mußt du dich entscheiden, ob du fit genug bist für ein eventuelles Stechen. Es wird noch viele Turniere geben, auf denen du Schleifen gewinnen kannst, aber es könnte auch eine lange Zeit dauern, deine Selbstsicherheit wiederherzustellen, wenn du dich jetzt überforderst. Wenn etwas schiefgeht und dein Pferd Hindernisse abwirft oder verweigert, dann nimm das ganz gelassen. Versuche nicht, dem Pferd auf dem Turnier eine Lektion zu erteilen. Höchstwahrscheinlich liegt der Fehler bei dir. Hebe dir spezielle Probleme für zu Hause auf.

Die Versorgung des Pferdes auf dem Turnier

Was du zwischen deinen Starts machst, hängt davon ab, wieviel Zeit dir bleibt. Wenn du eine Stunde oder mehr Zeit hast, dann sattle dein Pferd ab, gib ihm etwas Wasser, laß es Gras fressen und sich entspannen. Wenn du deinen Turniertag beendest, ist es genauso wichtig, dein Pferd zur Ruhe kommen zu lassen, bevor du es verlädst und nach Hause fährst. Die ganze Veranstaltung war ziemlich anstrengend für dein Pferd, und eine hastige Heimreise kann Verdauungsprobleme zur Folge haben. Genau wie bei der Ankunft sollte man ihm auch jetzt etwas Zeit lassen. Vielleicht kann ein Elternteil oder ein Freund das Pferd noch einmal führen, damit es abschwitzen und seine Muskeln lockern kann, während du dich von den Organisatoren verabschiedest. Diese Leute bekommen selten den wohlverdienten Dank, und sie werden sich über deine Aufmerksamkeit freuen.

Bandagiere die Beine deines Pferdes, und decke es je nach Witterung passend ein. Kümmere dich bei der Ankunft zu Hause zuerst um dein Pferd und dann um dich selbst. Falls es im Hänger nachgeschwitzt hat, mußt du es eine Weile führen, bevor du ihm eine Sommerdecke mit einer Abschwitzdecke darunter auflegst, damit es trocknen kann, ohne auszukühlen. Dein Pferd sollte jetzt viel Wasser und Heu zur Verfügung haben, und wenn es sich sehr angestrengt hat, gibt man ihm ein Weizenkleie-Mash. Jemand sollte am Abend noch einmal nach ihm sehen und sich vergewissern, daß es nicht nachschwitzt oder krank wirkt.

Du solltest den Hänger saubermachen und das Sattelzeug putzen, und dann hast du dir vielleicht selbst ein schönes, heißes Bad verdient!

Der Tag nach dem Turnier

Am nächsten Tag sollte man den Gesundheitszustand des Pferdes überprüfen und es dann auf die Koppel

Lass dir viel Zeit für die Vorbereitungen und die Fahrt. Es tut dem Pferd nicht gut, wenn die Zeit schon knapp ist, wenn ihr auf dem Turnierplatz ankommt.
Dieses Pferd ist korrekt für den Transport ausgestattet: gut unterpolsterte Bandagen an allen vier Beinen, bandagierter Schweif, Tagesdecke mit Deckengurt.
Geh beim Einladen immer auf Schulterhöhe neben dem Pferd her und schau geradeaus nach vorne.

oder den Paddock bringen. Es sollte sich nach eigenem Wunsch und Willen bewegen dürfen. Ein Stehtag wäre nach der Anstrengung Gift. Wenn du Probleme mit bestimmten Hindernissen auf dem Turnier hattest, dann baue sie zu Hause nach und versuche, diese Probleme zu überwinden – aber nicht gleich am nächsten Tag!

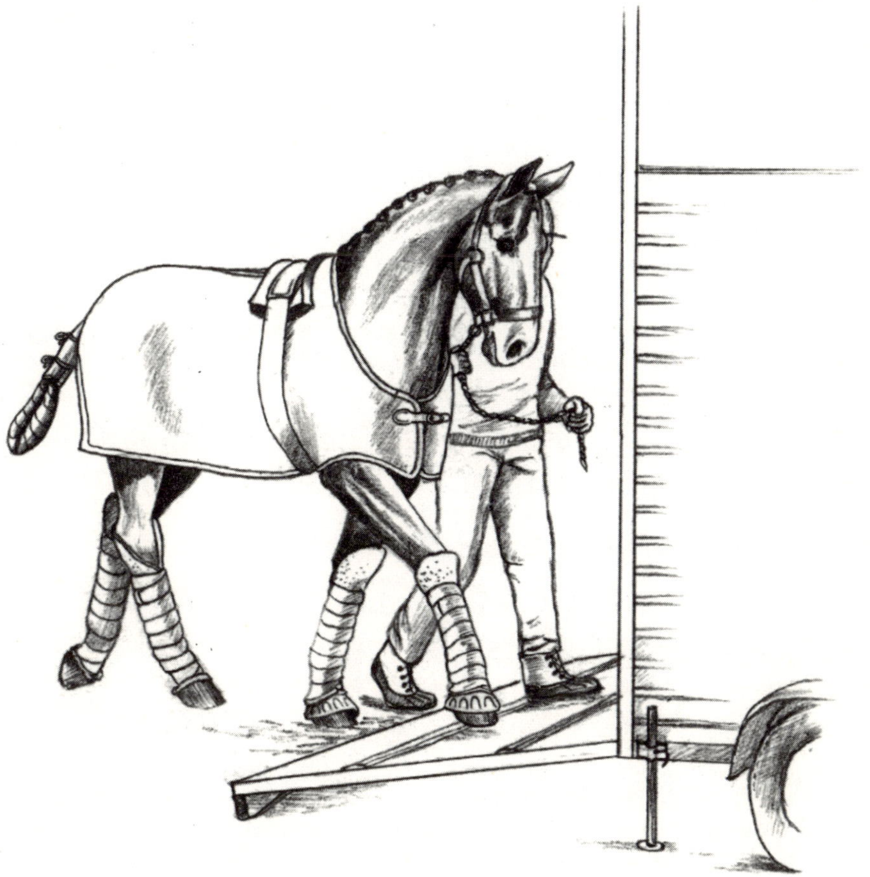

Geländeprüfungen

Wenn du schon einige Erfahrung mit Geländesprüngen gesammelt hast – beim Ausritt, auf einer Fuchsjagd oder einfach beim Training –, dann kann die Teilnahme an einer Geländeprüfung deinen reiterlichen Horizont nur noch erweitern.

Entscheide dich für eine Veranstaltung, die einen guten Ruf hat und bekannt ist für solide Hindernisse. Suche dir eine Prüfung aus, in der die Hindernisse niedriger und einfacher sind als deine Trainingssprünge zu Hause. Bei allen Wettkämpfen solltest du zu Hause im Training bereits weiter fortgeschritten sein, so daß du den Wettkampf gut bewältigen kannst. Beim Reiten in einer fremden Umgebung sind Pferd und Reiter sowieso immer stärker gefordert, auch ohne ungewohnt schwierige, neue Hindernisse.

Die Vorbereitung des Pferdes

Das Pferd muß für solch einen Wettkampf genügend Kondition haben, und du solltest seine Ausdauer Schritt für Schritt aufbauen, indem du Trab- und Galopp-Phasen allmählich verlängerst. Das Konditionstraining von Pferden erfordert erfahrene Hilfe, da ein Gleichgewicht zwischen Futter und Arbeitsleistung gefunden werden muß, um die individuellen Bedürfnisse eines Pferdes zu befriedigen.

Beim Wettkampf braucht das Pferd besondere Aufmerksamkeit, besonders nach der Prüfung, wenn es erhitzt und naßgeschwitzt ist. Außer dem normalen Putzzeug solltest du einen Wasserkanister, Eimer und ein Schweißmesser mitnehmen, so daß du das Pferd nach dem Ritt abwaschen kannst.

Die Ausrüstung für dein Pferd

Du wirst vielleicht ein etwas schärferes Gebiß brauchen, als du normalerweise im Gelände benutzt, da sich manche Pferde in der Wettbewerbssituation stark aufregen und dann dazu neigen, heftig zu werden und davonzustürmen. Wenn das Pferd gerne über dem Zügel geht, ist vielleicht auch ein Ringmartingal sinnvoll. Du kannst dann außerdem in den Halsriemen fassen, wenn du über einem Sprung hinter der Bewegung bleibst. Die ganze Ausrüstung

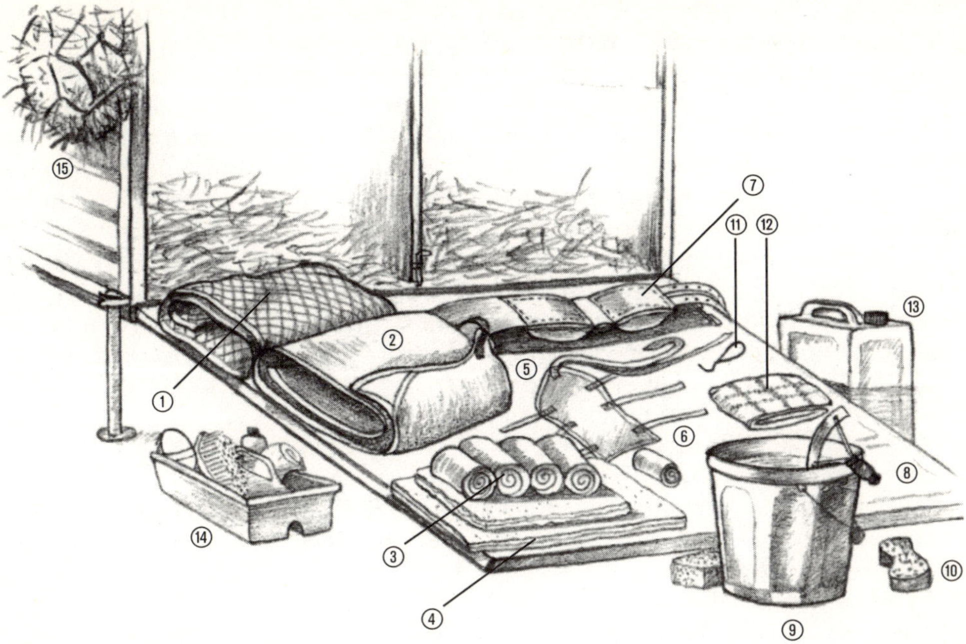

Das brauchst du, um dein Pferd nach dem Turnier zu versorgen: ① Abschwitzdecke, ② Tagesdecke, ③ Stallbandagen, ④ Unterlage zum Bandagieren, ⑤ Schweifschoner, ⑥ Schweifbandage, ⑦ Deckengurt, ⑧ Schweißmesser, ⑨ Eimer, ⑩ Schwamm, ⑪ Hufkratzer, ⑫ Handtuch, ⑬ Wasserkanister, ⑭ Putzkiste, ⑮ Heunetz.

sollte auf Schwachstellen überprüft werden, besonders die Zügel, der Sattelgurt, die Gurtstrupfen und die Steigbügelriemen. Es ist eine gute Idee, den Sattel zusätzlich mit einem Übergurt abzusichern, damit er wirklich fest sitzt. Lege dem Pferd zumindest an den Vorderbeinen Gamaschen an, und schütze die Kronränder mit Springglocken.

Das Abgehen der Strecke

Die meisten Geländeprüfungen kann man am Tag vor dem Wettkampf besichtigen, und das spart am Wettkampftag Zeit. Wenn du dir über ein bestimmtes Hindernis nicht im klaren bist, kannst du zurückgehen und es noch einmal anschauen, bevor du die Strecke reitest.

Bei leichteren Prüfungen werden die Sprünge alle unkompliziert sein, und der Zweck des Abgehens ist, daß du dich mit der Strecke vertraut machst und überlegst, wie und wo du die Sprünge anreitest. Es wäre gut, deinen Reitlehrer oder einen erfahrenen Reiter mitzunehmen und um Rat zu fragen. Die Hindernisse sind mit kleinen Fahnen markiert, rot auf der rechten und weiß auf der linken Seite, und du mußt darauf achten, nicht außerhalb dieser Markierungen zu springen. Manchmal gibt es zeitsparende Abkürzungen, aber wahrscheinlich ist es trotzdem besser, den längeren, aber einfacheren Weg zu nehmen. Wenn du erst einmal genug Vertrauen in deine Fähigkeiten und die deines Pferdes hast, kannst du später auch die schwierigere Strecke nehmen. Wenn man Hindernisse aus schnellem Tempo heraus springen will, muß man vorher genau wissen, wo man springen will, damit man ohne zu zögern flüssig anreiten kann.

Man sollte alle Hindernisse beherzt, aber aufmerksam angehen. Besprich mit deinem Reitlehrer, wie jeder einzelne Sprung geritten werden sollte. Achte darauf, ob Hindernisse bergauf oder bergab zu springen sind und wie der Boden an der Absprung- und Landestelle beschaffen ist. Wenn du Hindernisse siehst, die dir etwas unheimlich sind, suche dir einen markanten Punkt in einiger Entfernung, auf den du beim Reiten deinen Blick richten kannst. Laß dich nicht dazu verleiten, auf den Sprung selbst zu schauen.

Achte darauf, wie die Hindernisse gebaut sind. Manchmal sind die Sprünge bei kleineren Veranstaltungen nicht sehr solide, und manchmal sind sie wirklich schlecht gebaut. Obwohl solide Hindernisse aus großen Baumstämmen größer aussehen, verursachen sie in Wirklichkeit weniger Probleme als die unscheinbaren, weniger soliden. Gehe auf Prüfungen mit »einladenden« Hindernissen – solchen, die aussehen, als ob sie dich auffordern, darüberzuspringen.

Auch die Bodenbeschaffenheit darfst du nicht außer acht lassen. Weicher oder harter Boden wird jeweils wieder eine andere, und vielleicht zusätzliche Belastung für die Beine des Pferdes bedeuten und das Tempo deines Rittes bestimmen.

Am Wettkampftag

Das Pferd sollte am Tag des Wettkampfes früh gefüttert werden und kein Heu bekommen. Mit vollem Bauch kann es schlecht durchs Gelände galoppieren. Nimm dir viel Zeit, um dein Pferd auf den Transport vorzubereiten, rechtzeitig anzukommen, die Strecke abzugehen und dein Pferd abzureiten (siehe vorhergehendes Kapitel). Normalerweise gibt es feste Startzeiten, und du wirst diese per Post zugesandt bekommen oder kannst sie per Telefon am Tag vor dem Wettkampf erfragen.

Es ist nicht notwendig, dem Pferd die Mähne einzuflechten, aber der Schweif kann geflochten und hochgebunden werden, falls der Boden sehr schlammig ist. Überprüfe deine gesamte Ausrüstung, und halte deine eigene Kleidung bereit zum Umziehen, wenn du dein Pferd fertiggemacht hast.

Wenn du am Wettkampfort ankommst, schaue nach, ob das Pferd sich während der Fahrt irgendwie verletzt oder übermäßig geschwitzt

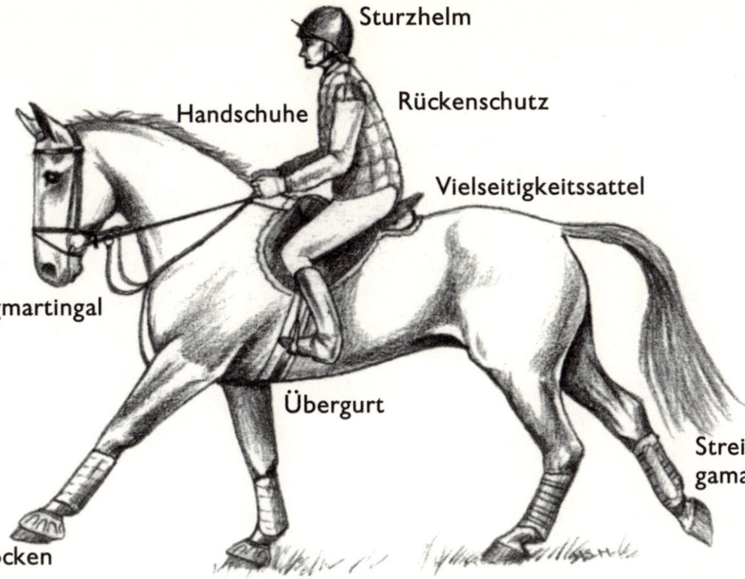

So sind Reiter und Pferd optimal für die Geländeprüfung ausgerüstet.

hat. Es ist auf jeden Fall gut, jemanden zu bitten, das Pferd zu führen, während du deine Startnummer bei der Meldestelle abholst. Wenn du noch Zeit hast – und du solltest genug Extrazeit in deinen Zeitplan eingebaut haben –, dann gehe die Strecke noch einmal ab oder sieh dir wenigstens noch einmal die Hindernisse an, bei denen du dir vielleicht nicht ganz sicher bist.

Du mußt dein Pferd auf jeden Fall gut abreiten, damit seine Muskeln schön locker und warm werden, bevor du von ihm verlangst zu galoppieren oder zu springen. Steige 15–30 Minuten vor deinem Start auf, und gehe eine Weile ruhig im Schritt, um euch beide mit der Wettkampfatmosphäre vertraut zu machen. Steigere das Tempo zu Trab und Galopp, und mache zwei oder drei Übungssprünge. Halte dein Pferd in Bewegung, aber ermüde es nicht durch ständiges Traben und Galoppieren. Spare soviel Energie wie möglich für die Geländestrecke auf.

Bleibe in der Nähe des Starts, wenn dein Aufruf naht, damit du niemanden aufhältst. Wenn du dein Startzeichen bekommst, reite im gleichmäßigen Galopp los. Denke daran, daß du eine lange Strecke vor dir hast, und wenn du gleich am Anfang losstürmst, schaffst du es vielleicht nicht bis ins Ziel. Sei besonders vorsichtig beim Bergaufreiten. Dein Pferd wird sehr schnell erschöpft sein, wenn du hier zu schnell reitest.

Wenn dein Pferd ein Hindernis verweigert, hast du nochmals zwei Versuche. Drei Verweigerungen bedeuten Disqualifizierung. Manchmal erlaubt man bei kleineren Wettkämpfen den Teilnehmern, die Strecke zu Ende zu reiten, obwohl sie schon ausgeschieden sind. Reite dann rücksichtsvoll weiter, damit du die anderen Teilnehmer nicht behinderst. Mache den Weg frei, wenn jemand schnell hinter dir herkommt.

Nach der Geländeprüfung

Dein Pferd muß nach dem Kurs abschwitzen, um seine Muskeln wieder zu entspannen, und der Weg zum Hänger zurück sollte ihm dabei helfen. Laß es nicht einfach stehen und sich abkühlen. Hat es stark geschwitzt, wird es mit Wasser und einem Schwamm abgewaschen, und das restliche Wasser wird mit einem Schweißmesser entfernt. Lege ihm eine Abschwitzdecke über, die du mit einem Gurt befestigst, und führ dein Pferd noch etwas. Die von der Anstrengung beschleunigte Atmung sollte sich bald beruhigen, und wenn das Pferd trocken ist, lege noch eine Sommerdecke über die Abschwitzdecke. Das hilft, das Pferd richtig warmzuhalten. Gib ihm etwas zu trinken, wenn es ruhig atmet, aber achte darauf, daß das Wasser nicht zu kalt ist.

Wenn Beine und Schweif schmutzig sind, werden sie ebenfalls gewaschen. Schau nach kleinen Wunden und spitzen Holzstückchen oder Steinchen, die in den Hufen stecken könnten. Falls du wegen irgend etwas besorgt bist, kannst du den Turniertierarzt um Rat fragen. Bandagiere die Beine deines Pferdes oder lege ihm Transportgamaschen an und bereite es auf die Heimfahrt vor. Falls die Fahrt länger dauert, gib ihm zur Beschäftigung ein Heunetz in den Hänger, damit es ruhiger ist.

Wieder zu Hause

Falls das Pferd ein Schulpferd deiner Reitschule ist, dann gib es nicht einfach zurück und geh nach Hause. Bring es in seine Box, nimm die Bandagen oder Gamaschen ab und frage, ob du die Beine noch einmal abspritzen sollst. Ein kurzes Abbürsten reicht wahrscheinlich aus. Vergewissere dich, daß es dem Pferd gut geht und es keine Zeichen von Überanstrengung zeigt und nicht nachschwitzt. Es sollte ein schönes, warmes Mash erhalten, in dem als Belohnung ein paar Karotten sein können. Nach einer Geländeprüfung oder einer Jagd sollte man am Spätnachmittag oder am Abend noch einmal nach dem Pferd sehen, um sicher zu sein, daß es nicht nachgeschwitzt hat und alles normal ist. Am nächsten Tag trabt man es vor, um seinen Gesundheitszustand zu überprüfen. Wenn alles in Ordnung ist, gibt man ihm einen Tag frei, möglichst auf der Koppel, damit es sich völlig erholen kann. Ein absoluter Stehtag, ohne jede Bewegung, wäre nur schädlich und könnte sogar gefährlich werden.

PRÜFUNGSKLASSEN IN DER MILITARY				
VIELSEITIGKEIT KL. A UND L	GROSSE VIELS. KL. L	VIELSEITIGKEIT KL. M UND S	GROSSE VIELS. KL. M	GROSSE VIELS. KL. S
DIE DRESSURPRÜFUNG				
KL. A: Mittelschritt, -trab und -galopp Rückwärtsrichten einfache Schlangenlinie Kl. L: Mittelschritt, -trab und -galopp Schlangenlinie durch die Bahn, 4 Bogen, im Trab Kehrtvolte 10 m	Starker Schritt, Mitteltrab und Mittelgalopp Schlangenlinie durch die Bahn, 3 Bogen, im Galopp 10-m-Volte im Trab	Kl. M: Mittelschritt, starker Trab, Mittelgalopp Schulterherein 10-m-Volte Außengalopp Kurzkehrt Kl. S: wie in Großer Vielseitigkeit Kl. S	Starker Schritt, Mitteltrab und Mittelgalopp 10-m-Volte im Galopp	Starker Schritt, Trab und Galopp Schulterherein Traversalen Außengalopp
DIE GELÄNDEPRÜFUNG				
Kl. A: Q-Strecke bis 3000 m, Hindernisse nicht über 0,90 m hoch und 1,20 m weit, Weitsprünge bis 2,50 m mindestens 1 Graben, Tempo 500 m/min Kl. L: Q-Strecke bis 5000 m, Hindernisse nicht über 1,00 m hoch und 1,50 m weit, Weitsprünge bis 3,00 m, mindestens 1 Graben, Tempo 570 m/min	Wegestrecke I bis 4400 m im Tempo 220 m/min, Rennbahn ca. 2000 m mit Hindernissen bis 1,00 m hoch im Tempo 660 m/min, Wegestrecke II bis 4800 m im Tempo 220 m/min, Querfeldeinstrecke wie in Vielseitigkeit Kl. L	Kl. M: Q-Strecke bis 6000 m, Hindernisse nicht über 1,10 m hoch und 1,80 m weit, Weitsprünge bis 3,50 m, mindestens 1 Graben, Tempo 570 m/min Kl. S: Q-Strecke bis 6000 m, Hindernisse nicht über 1,20 m hoch und 2,00 m weit, Weitsprünge bis 4,00 m, mindestens 1 Graben, Tempo 570 m/min	Wegestrecke I bis 6600 m im Tempo 220 m/min, Rennbahn ca. 2000 m mit Hindernissen bis 1,00 m hoch im Tempo 690 m/min, Wegestrecke II bis 6600 m im Tempo 220 m/min, Querfeldeinstrecke wie in Vielseitigkeit Kl. M	Wegestrecke I bis 6600 m im Tempo 220 m/min, Rennbahn ca. 3000 m mit Hindernissen bis 1,00 m hoch im Tempo 690 m/min, Wegestrecke II bis 6600 m im Tempo 220 m/min, Querfeldeinstrecke bis 7000 m, ansonsten wie in Vielseitigkeit Kl. S
DAS PARCOURSSPRINGEN				
max. 14 Hindernisse bis 1,10 m hoch und 1,40 m weit, Wassergraben bis 3,00 m Tempo: 400 m/min Zwei zweifache Kombinationen	wie Vielseitigkeit Kl. A und L	max. 16 Hindernisse bis 1,20 m hoch und 1,50 m weit, Wassergraben bis 3,50 m Tempo: 400 m/min Mit einer zweifachen und/oder dreifachen Kombination	wie Vielseitigkeit Kl. M	wie Vielseitigkeit Kl. M

Diese Schautafel zeigt, wie die Dressuranforderungen für Vielseitigkeitsprüfungen von Klasse zu Klasse zunehmen. Sie wurde erstellt auf der Grundlage des Aufgabenheftes gemäß der LPO der Deutschen Reiterlichen Vereinigung (FN) (Diagramm V).

Reiten für Fortgeschrittene

Für diejenigen, die im Reiten weiterkommen möchten, gibt es endlose Möglichkeiten. Das Sprichwort »Je mehr man weiß, desto mehr wird einem klar, was man alles nicht weiß« trifft zu, und tatsächlich wirst du nie alles über das Reiten wissen. Aber gerade dieses ständige Lernen ist eher ein Teil der Faszination als eine Abschreckung. Jedes Pferd ist eine neue Herausforderung und wird dir etwas Neues beibringen.

Jeder, der reiten lernt, träumt davon, eines Tages ein eigenes Pferd oder Pony zu besitzen. Obwohl man als Pferdebesitzer natürlich mehr Gelegenheiten zum Reiten hat, heißt es aber nicht unbedingt, daß man besser reitet. Wenn du aufhörst, regelmäßig Unterricht zu nehmen, machst du wahrscheinlich auch keine großen Fortschritte mehr. Es ist vielleicht besser, das Geld für zahlreiche Reitstunden und konzentrierte Ferienkurse auszugeben, als früh ein eigenes Pferd zu kaufen und auf Unterricht zu verzichten. Deine Reitschule bietet solche Ferienkurse vielleicht auch an, aber es kann noch mehr Spaß machen, einen Reiturlaub in einer anderen Umgebung zu verbringen, wo du die Möglichkeit hast, andere Pferde zu reiten. Wenn man nur einmal die Woche reiten kann, hat man manchmal den Eindruck, nur sehr langsam Fortschritte zu machen. Darum kann ein Wochenkurs mit vielleicht zwei bis vier Reitstunden täglich dich wirklich ein ganzes Stück vorwärtsbringen. Manchmal wird einem etwas, mit dem man immer Probleme hatte, plötzlich klar, wenn man es auf eine etwas andere Art von einem neuen Reitlehrer erklärt bekommt.

Während der Schulferien veranstalten viele Reitvereine Kurse. Diese sind ebenfalls eine gute Möglichkeit, sich zu verbessern. Du mußt kein eigenes Pferd besitzen, um Mitglied in einem Verein zu werden, und für solche Veranstaltungen kann man meistens ein Schulpferd der Reitschule ausleihen. Manchmal enden solche Kurse je nach Können mit der Prüfung zu einem Reitabzeichen. Dafür sind reiterliches Können sowie theoretische Kenntnisse in der Anatomie des Pferdes und der Haltung gefordert – Kenntnisse also, die jedem zukünftigen Pferdebesitzer nur nützlich sein können.

Durch solche Reitkurse bekommst du auch einen Überblick und eine Einführung in die verschiedenen Wettkampfarten – Springen, Dressur, Vielseitigkeit, Distanzreiten –, und es gibt für jeden eine Möglichkeit, in irgendeiner Klasse teilzunehmen. Die Teilnahme an Wettkämpfen ist am Anfang immer nervenaufreibend und auch dann noch, wenn du schon mehr Erfahrungen hast; aber laß dich nur nicht abschrecken, weil du etwa befürchtest, nicht gut genug zu sein. Es gibt nur einen Weg, das herauszufinden! Allerdings solltest du immer sicher sein, daß du für das, was du vorhast, ausreichend vorbereitet bist. Bei Turnierbesuchen ohne Pferd kannst du dich mit der Atmosphäre vertraut machen und sehen, was bei einer Teilnahme von dir erwartet wird. Scheue dich nie, einen Ausbilder oder erfahrenen Reiter um Rat zu fragen, und trainiere fleißig. Kümmere dich um die passende Kleidung fürs Turnier, die passende Ausrüstung für das Pferd, und komme früh genug, um vor Ort noch alles Nötige zu organisieren. Die Teilnahme an Turnieren scheint vielleicht ein großer Schritt, aber wenn du dir auch sonst selbst Ziele setzt, kannst du auch dann schnell Fortschritte machen.

Welche Veranstaltung ist die richtige?

Prüfungen nach der LPO beginnen in allen drei Disziplinen – Vielseitigkeit, Dressur und Springen – mit der Klasse E. Die jeweiligen Anforderungen sind genau vorgeschrieben und steigern sich über A, L und M bis S.

Bei einer Dressurprüfung der Kl. E zum Beispiel wird nicht mehr verlangt, als was jeder Reiter sowieso beherrschen sollte: das Reiten in den drei Grundgangarten, wie es in jeder Grundausbildung gelehrt wird. Bewertet werden Sitz und Einwirkung des Reiters, es ist also nicht entscheidend, ob du auf einem teuren Turnierpferd mit spektakulären Gängen oder einem braven Schulpferd sitzt.

Eine Überleitung von der Dressur- zur Springprüfung sind die sogenannten »Caprilli-Prüfungen« (nach dem Erfinder des leichten Sitzes, Federico Caprilli). Sie verbinden einfache Dressurlektionen mit kleinen Sprüngen, die meist im Trab angeritten werden. Springprüfungen sind nach Höhe der Hindernisse ebenfalls von E bis S eingeteilt, und Vielseitigkeitsprüfungen gibt es in Kurzform und in Form von Prüfungen, die sich über bis zu drei Tage erstrecken.

Der Pferdekauf

Ein eigenes Pferd solltest du dir erst kaufen, wenn du sicher bist, auch die nötige Zeit, die Möglichkeit zur Unterbringung und die finanziellen Mittel zu haben, um es ordentlich zu versorgen. Komme nicht in die Versuchung, das erstbeste Pferd zu kaufen, oder gar eines, das deine Fähigkeiten übersteigt. Junge Pferde am Anfang ihrer Ausbildung sind günstiger im Preis als ein gleichwertiges, aber schon gut gerittenes Pferd, aber die Ausbildung von Pferden ist etwas für erfahrene Reiter, und du solltest sehr gut überlegen, ob du eine solche Herausforderung annehmen kannst. Frage vor dem Kauf immer einen erfahrenen Pferdekenner und einen Tierarzt um Rat, und nimm auch mit dem eigenen Pferd weiterhin Reitunterricht.

Ob du ein eigenes Pferd hast oder nicht, denke daran, ab und zu eine Stunde an der Longe zu nehmen, um Fehler zu korrigieren, die sich eingeschlichen haben. Wenn du einen guten Ausbilder gefunden hast, dann bleibe bei ihm, und wechsle nicht von einem zum anderen, denn das wird dich eher verwirren, als dich weiterbringen. Ein gelegentlicher Besuch bei einem anderen Reitlehrer oder der Besuch eines Kurses kann aber hilfreich sein, um neues Licht auf ein altes Problem zu werfen. Auch die Möglichkeit, ab und zu ein besser ausgebildetes Pferd zu reiten, als du gewohnt bist, wird dir helfen, ein Gefühl dafür zu entwickeln, wie sich die korrekten Bewegungen anfühlen müssen, und das wird auch deine eigene Leistung und Hilfengebung verbessern.

Fortschritte

Wenn du mehr und mehr Fortschritte beim Reiten machst, sollte dein theoretisches Wissen über Ausbildung und Haltung des Pferdes nicht zu kurz kommen. Höhere Anforderungen, wie das Springen, bedeuten, daß das Pferd an Kondition zulegen muß und über einen Zeitraum von Wochen im Anfangsstadium, bis zu Monaten und Jahren im fortgeschrittenen Stadium vorbereitet werden muß. Es ist entscheidend für deine Fortschritte in diesem Sport, daß du von Anfang an Interesse an der Haltung und dem Training der Pferde zeigst.

Glossar:

äußerer Zügel Der äußere Zügel ist immer auf der Seite, zu der das Pferd nicht gebogen ist, das ist normalerweise die Außenseite der Bahn.

auf dem richtigen Fuß leichttraben Man trabt auf dem richtigen Fuß, wenn man in den Sattel einsitzt, während gleichzeitig das äußere Vorderbein und das innere Hinterbein auffußt, bzw. wenn man aufsteht, während das äußere Vorderbein vorschwingt.

auf der linken Hand Es wird gegen den Uhrzeigersinn in der Bahn geritten, die linke Hand des Reiters ist dem Bahninnern zugewendet.

auf der rechten Hand Es wird im Uhrzeigersinn in der Bahn geritten, die rechte Hand des Reiters ist dem Bahninnern zugewendet.

Dressurprüfung Eine vorgegebene Aufgabe, die aus zwölf bis zwanzig Dressurlektionen besteht, muß von Pferd und Reiter absolviert werden. Das Niveau der Prüfungen geht von den einfachen Grundlagen des Dressurreitens im Schritt, Trab und Galopp bis zum internationalen Grand Prix, in dem Lektionen wie Piaffe, Passage und fliegende Galoppwechsel einen hohen Ausbildungsstand von Reiter und Pferd verlangen. Dressurvierecke messen entweder 20 × 40 m oder 20 × 60 m.

Gangarten Die meisten Reitpferde bewegen sich in drei Grundgangarten: Schritt, Trab und Galopp. Manche Spezialrassen wie Isländer oder Paso Finos zeichnen sich durch zusätzliche Gangarten (Tölt, Paß, Rennpaß) aus.

Halbe Parade Mit einer halben Parade versammelt man das Pferd und macht es aufmerksam für Gangwechsel, Wendungen und Sprünge. Eine halbe Parade reitet man, indem man sich tief in den Sattel setzt, das Pferd an die äußere, annehmende Hand herantreibt und sofort wieder nachgibt.

Handwechsel Das ist ein Richtungswechsel von der rechten auf die linke, oder von der linken auf die rechte Hand. Ein Handwechsel kann auf verschiedene Arten geritten werden, durch Wendungen oder Wechsel durch die Bahn.

Hohe Schule Mit Lektionen wie

Piaffe, Passage, Levade und Kapriole hat die Spanische Reitschule in Wien die Hohe Schule der Dressur bekannt gemacht.

innerer Zügel Der innere Zügel ist immer auf der Seite des Pferdes, zu welcher es gebogen ist.

Kombinationen Kombinationen setzen sich aus zwei oder drei Einzelhindernissen zusammen, die in einem bestimmten Abstand gerade hintereinander aufgebaut sind. Die einzelnen Sprünge, A, B oder C, bilden zusammen ein Hindernis. Wenn bei Springprüfungen der zweite oder dritte Sprung verweigert wird, dann muß die gesamte Kombination neu angeritten werden.

Schubkraft Die Energie, die von der Hinterhand des Pferdes entwikkelt wird und die es nach vorne trägt.

Springkurs Der Weg, den Reiter und Pferd in einem Parcours zurücklegen.

Takt ist die regelmäßige Fußfolge in einer Gangart.

Tritte verlängern Das Pferd verlängert seine Tritte in einer beliebigen Gangart, wenn es mit der Hinterhand schwungvoll und verstärkt untertritt und so auch die Vorderbeine mit mehr Raumgriff vortreten. Dabei darf der natürliche Takt der Gangart nicht verlorengehen.

Übergang So bezeichnet man den Wechsel von einer Gangart in eine andere.

unabhängiger Sitz Darunter versteht man die Fähigkeit des Reiters, die Balance und die Kontrolle über seinen Körper zu behalten, so daß er das Pferd nicht in seinen Bewegungen behindert.

Zirkel In einer Reitbahn mit den Maßen 20 × 40 m gibt es zwei Zirkel, die entweder bei A oder bei C den Hufschlag berühren und sich beide bei X, in der Mitte der Bahn, treffen. Zusätzlich gibt es noch einen Mittelzirkel, dessen Mittelpunkt X ist und der an B und E den Hufschlag berührt. Ein Zirkel wird kreisrund geritten, wobei das Pferd auf die Zirkellinie gebogen wird.

Anhang

Nützliche Adressen

Deutsche Reiterliche Vereinigung e. V. (FN)
Freiherr-von-Langen-Str. 13
48231 Warendorf

Landesverband der Reit- und Fahrvereine Baden-Württemberg e. V.
Remsstr. 1
70806 Kornwestheim
Tel./Fax: (0 71 54) 18 06 32/
18 03 11

Verband der Reit- und Fahrvereine in Württemberg, Schwäbischer Reitverein e. V.
Dornröschenweg 100
70567 Stuttgart
Tel./Fax: (07 11)71 41 91/71 78 38

Reiterbund Nordbaden e. V.
Rethelstr. 19
69163 Mannheim
Tel.: (06 21) 41 27 42

Verband der Südbadischen Reit- und Fahrvereine e. V.
Brunnenstr. 14
77933 Lahr-Mietersheim
Tel./Fax: (0 78 21) 4 34 15/4 20 74

Bayrischer Reit- und Fahrverband e. V.
Landshamer Str. 11
81929 München
Tel./Fax (0 89) 90 60 71/90 60 72

Verband der Reit- und Fahrvereine Franken e. V.
Am Reiterzentrum 3
91522 Ansbach
Tel.: (09 81) 69 39

Verband der Reit- und Fahrvereine Niederbayern-Oberpfalz e. V.
Klötzlmüllerstr. 1
84034 Landshut
Tel.: (08 71) 6 90 74

Verband der Reit- und Fahrvereine Oberbayern e. V.
Landshamer Str. 11
81929 München
Tel.: (0 89) 90 71 77

Verband der Reit- und Fahrvereine Schwaben e. V.
Bismarckstr. 62
86391 Stadtbergen
Tel.: (08 21) 43 20 74 oder 43 20 75

Landesverband der Reit- und Fahrvereine Berlin-Brandenburg e. V.
Regionalverband der Reit- und Fahrvereine Berlin e. V.
Passenheimer Str. 30
Reiterstadion
14053 Berlin
Tel./Fax: (030) 3045551/
3046730

Regionalverband der Reit- und Fahrvereine Brandenburg e. V.
Gregor-Mendel-Str. 10
14469 Potsdam
Tel.: (0331) 23811

Bremer Reiterverband e. V.
Posthauser Str. 123
28307 Bremen
Tel.: (0421) 403780

Landesverband der Reit- und Fahrvereine Hamburg e. V.
Friedrich-Ebert-Str. 59
22459 Hamburg
Tel./Fax: (040) 587140/585039

Reiterverband Hannover e. V.
Johannsenstr. 10
30159 Hannover
Tel./Fax: (0511) 325768/325759

Hessischer Reit- und Fahrverband e. V.
Verband der Reit- und Fahrvereine Hessen-Nassau e. V.
Verband der Reit- und Fahrvereine Kurhessen-Waldeck e. V.
Wilhelmstr. 24
35683 Dillenburg
Tel./Fax: (02771) 23055/6203

Landesverband Mecklenburg/Vorpommern für Reiten, Fahren und Voltigieren e. V.
Friedrichstr. 1
15755 Schwerin
Tel./Fax: (0385) 812424

Verband der Reit- und Fahrvereine Rheinland e. V.
Endenicher Allee 60
53121 Bonn
Tel./Fax: (0228) 703364/657770

Landesverband der Reit- und Fahrvereine Rheinland-Pfalz
Burgenlandstr. 7
55543 Bad Kreuznach
Tel./Fax: (0671) 62810/793199

Verband der Reit- und Fahrvereine Rheinland-Nassau
Kümmelsbergweg 9
56567 Neuwied
Tel.: (02631) 55759

Verband der Reit- und Fahrvereine Rheinhessen
Verband Pfälzischer Reit- und Fahrvereine, Ormsheimerhof 12
67227 Frankenthal
Tel.: (06233) 27389

Verband der Reit- und Fahrvereine Rheinhessen e. V.
Hospitalstr. 12
67551 Worms
Tel.: (06241) 33855

Saarländischer Reiterverband e. V.
Saaruferstr. 16
66117 Saarbrücken
Tel.: (0681) 5860340 oder
5860341

Landesverband Pferdesport
Sachsen e. V.
Schlottwitzer Str. 3b
01277 Dresden
Tel.: (0351) 334382

Landesverband der Reit- und Fahrvereine Sachsen-Anhalt e. V.
Rogätzer Str. 22/30
39106 Magdeburg
Tel.: (0391) 54165

Landesverband der Reit- und Fahrvereine Schleswig-Holstein e. V.
Eutiner Str. 27
23795 Bad Segeberg
Tel./Fax: (04551) 84792/81797

Thüringer Reit- und Fahrverband e. V.
Anger 55
99084 Erfurt
Tel.: (0361) 51756

Verband der Reit- und Fahrvereine Weser-Ems e. V.
Mars-la-Tour-Str. 11
26121 Oldenburg
Tel./Fax: (0441) 882370/83163

Provinzialverband westfälischer Reit- und Fahrvereine e. V.
Sudmühlenstr. 33
48157 Münster-Hadorf
Tel./Fax: (0251) 3280982/3280966

Weiterführende Literatur

HÖLZEL, PETRA und WOLFGANG und PLEWA, MARTIN: Profitips für Reiter, Stuttgart 1992

HÖLZEL, WOLFGANG: Der Reiter-Paß in Frage und Antwort, Stuttgart 1994

HÖLZEL, WOLFGANG: Das Reiterabzeichen, Stuttgart 1994

KLIMKE, REINER: Military, Stuttgart 1978

KLIMKE, REINER: Cavaletti, Stuttgart 1992

PAALMAN, ANTHONY: Springreiten, Stuttgart 1991

OPEL, HEINZ von: Military-Praxis, Stuttgart 1988

Register